丛书主编　中国老龄事业发展基金会

新名词
我全懂

欧阳铮　著

广西师范大学出版社
·桂林·

丛 书 总 序

　　放眼全球，人类社会正经历着前所未有的老龄化进程。《世界人口展望（2019）》报告指出，2019年世界65岁以上老年人口占比为9.1%。这意味着全球总体上已经进入老龄化。根据联合国预测，到2099年，全球192个国家和地区的人口结构都将变成老年型。"银发浪潮"正在深刻改变世界人口结构和原有的生产生活状况。

　　自19世纪60年代法国最早步入老龄化以来，发达国家一直领跑老龄化进程，20世纪六七十年代，发达国家已全部进入老龄化行列。目前我国老龄化程度仍低于发达国家，但明显高于世界平均水平。截至2021年底，我国60岁以上老年人口达2.67亿，占总人口的18.9%；65岁以上人口超过2亿，占总人口的14.2%。14.2%的占比标志着我国已经由轻度老龄化进入中度老龄化阶段。未来15年，我国将进入老龄化急速发展期，预计到2025年，我国60岁以上老年人口将突破3亿，占比超过20%；2035年将突破4亿，占比超过30%，进入重度老龄化阶段。老龄问题涉及政治、经济、文化和社会生活等诸多领域，是关系国计民生和国家长治久安的重大社会问题，对经济运行全领域、社会建设各环节、社会文化多方面乃至国家综合实力和国际竞争力都具有深远影响。

党的十八大以来，以习近平同志为核心的党中央高度重视老龄工作，做出一系列决策部署，统筹推进老龄事业和产业发展。党的十九届五中全会将积极应对人口老龄化确定为国家战略。党的二十大报告指出，要"实施积极应对人口老龄化国家战略，发展养老事业和养老产业，优化孤寡老人服务，推动实现全体老年人享有基本养老服务"。《中共中央 国务院关于加强新时代老龄工作的意见》要求，将老龄事业发展纳入统筹推进"五位一体"总体布局和协调推进"四个全面"战略布局，把积极老龄观、健康老龄化理念融入经济社会发展全过程，加快建立健全相关政策体系和制度框架，大力弘扬中华民族孝亲敬老传统美德，促进老年人养老服务、健康服务、社会保障、社会参与、权益保障等统筹发展，推动老龄事业高质量发展，走出一条中国特色积极应对人口老龄化道路。

中国老龄事业发展基金会是国家卫生健康委员会领导下的为老年人服务的全国性慈善组织。其主要任务是：认真贯彻党和国家积极应对人口老龄化的决策部署，弘扬中华民族敬老、爱老、助老的传统美德，争取海内外关心中国老龄事业的团体、人士的支持和帮助，协助政府积极推进中国老年社会福利、医疗卫生、文化体育、老年教育等各项事业的发展，维护老年人合法权益，帮天下儿女尽孝，替世上父母解难，为党和政府分忧。

为践行积极老龄观、健康老龄化理念，贯彻落实党和国家关于促进老年人社会参与，扩大老年教育资源供给，将老年教育纳入终身教育体系，构建老年友好型社会等精神，满足老年人越来越多的阅读需求，中国老龄事业发展基金会与广西师范大学出版社联合打造了这套《50岁开始的"你好人生"》丛书，旨在为更多的老年朋友营造书香生活氛围，提供实用有效的老年生活指南。本丛书以50岁以上人士为主要阅读对象，针对老年人日常生活各方面的需求，解决老年人的困惑，丰富老年人的生活，帮助老年人适应变化迅速的现代社会，让老年生活更为方便、多彩、有价值。

2022年首届全民阅读大会增设了"银龄阅读分论坛"，论坛指出，老年阅读是全民阅读的重要组成部分，是需要全社会重视、关心和引导的重要领域。满足老年人多样化、个性化的阅读，打造更多可读性、针对性、实用性强的出版物，中国老龄事业发展基金会愿为"书香银龄"的目标贡献绵薄之力。

中国老龄事业发展基金会

于建伟

前　言

　　随着国民平均寿命的延长和生活水平的提高，人口老龄化将成为一个普遍的社会现象。随着改革开放后第一批接受过高等教育的人群进入老年，老年人在精神文化生活方面的需求亟待解决。"老有所读"是"老有所养"的一个重要方面，是对老年精神生活的重要慰藉和填充。老年人在退休之后，会有更多的闲暇时间来充实自己的精神生活，有很多人甚至从年轻时就一直保持着阅读的习惯，以便在繁忙的工作中获得精神的放松和愉悦，更新自己的知识体系，活到老学到老。《50 岁开始的"你好人生"》丛书，以即将进入和已经进入老年的朋友们为主要读者，针对老年人日常生活各方面的需求，解决老年人精神和生活中的具体困惑，帮助老年人适应变化迅速的现代社会，让老年生活更为方便、多彩，为老年朋友获得老年生活的幸福感出一份力。

《新名词我全懂》是一本面向中老年群体的科普书。智能社会不断向前发展，新名词层出不穷，信息数字技术更新迭代加快。本书主要包含两部分内容，一是介绍一些当代社会的新名词，如"积极老龄化""大数据""人工智能""共享经济""医养结合"等，让老年朋友紧跟时代步伐；二是介绍智能手机的使用方法，尤其是与日常生活紧密相关的功能。我们希望通过这本书尽一份绵薄之力，尊重和回应老年人的利益诉求；让老年人知晓先进的养老理念，做"乘风破浪"的新时代老年人；为老年人群体架起与家人、与外界沟通的桥梁，帮助老年人进一步与信息化社会接轨；帮助老年人适应"智能手机时代"，丰富业余生活，更好地享受现代智能科技带来的便利与美好，一起做时间和科技的朋友。

目 录

第一章

社会篇

2020 年，我国进行了第七次全国人口普查。普查结果显示，全国人口共 14.1 亿人，其中 60 岁及以上人口占 18.7%，65 岁及以上人口占 13.5%。也就是说，截至 2020 年，全国共有 60 岁及以上人口 2.6 亿，65 岁及以上人口 1.9 亿。普查结果再次引发了人们对人口年龄结构的关注，尤其是对人口老龄化问题的重视。全社会都在热烈讨论，老年人口越来越多，在总人口中的占比越来越高，对于国家的经济社会发展意味着什么？在人口进一步老龄化的背景下，我国的医疗、养老制度应该有怎样的调整？互联网技术飞速发展，是否对养老事业有所助益？对于我们每个人而言，老年，似乎总与不太听使唤的身体、逐渐缩小的社交活动圈子联系在一起，但老年同时也意味着积淀厚重的人生阅历、愈加平和的从容心境。究竟应抱有怎样的心态，采取怎样的措施，怎样才能更好地与自己的老年相处，让老年生活更阳光、

更从容、更幸福呢？这一章中，我们就将围绕这些问题
与大家一起探索在老龄化社会中，国家、社会和个人都
能为提升老年生活质量做出哪些努力。

一、老龄化社会

当一个国家或地区的老年人数量越来越多，老年人口在总人口中所占的比例越来越大，我们就说该国家或地区正逐步进入老龄化社会。国际上通用的标准是，当 60 岁及以上人口数量占总人口数的 10%，或者 65 岁及以上人口数量占总人口数的 7%，我们就认为该国家或地区进入了老龄化社会。进入老龄化社会之后，根据老年人口所占比例的差异，老龄化的程度也有更细致的区分：如果 60 岁及以上人口占比在 10%—20% 之间，属于轻度老龄化社会；如果占比在 20%—30% 之间，属于中度老龄化社会；如果占比超过 30%，则表示进入重度或深度老龄化社会。

我国第七次全国人口普查数据显示，中国 60 岁及以上人口占比为 18.7%，属于国际一般标准下的轻度老龄化社会。不过，由于我国人口基数大，即使目前处于轻度老龄化阶段，由老年人口数量迅速增加带来的社会变化亦需要我们在基础设施、养老制度、社会心态等方面做好准备。从世界范围来看，人口老龄化也是一个需要引起全球共同关注的人口变化趋势。根据联合国的预测数据，到2050年，地球上将有90至100亿人口共同生活，其中60岁以上的人口将达到20亿，至少占总人口的五分之一，而65岁以上的人口将达到15亿，接近总人口的六分之一。全球范围内老龄化社会的到来，已将如何提升老年人的福祉摆在联合国及世界各国政府重点关注问题清单的优先位置。

老龄化社会意味着人们的平均寿命越来越长，老年人越来越多，这是社会文明进步的必然结果，实际上反映了国富民强的发展成果。唐朝诗人杜甫有云："酒债寻常行处有，人生七十古来稀。"可见在唐朝之前，人活到70岁就很少见了。在古代社会，婴幼儿死亡率高，再加上饥荒、疾病、战争等原因，人们很少能活到六七十岁，根本就不存在老龄化问题。老龄化现象是现代社会生活水平提高、医疗水平进步的反映。

虽然老龄化社会意味着生活条件的改善，但社会持续、快速向着深度老龄化演变并不是一件值得庆贺的事。老龄化社会带来的变化既有机遇，也有挑战。"家有一老，如有一宝"，这是人们口中常说的俗语。老年人有丰富的生活经验，常能为年轻人提供人生启示。提高老年人参与社会生活的积极性，不仅能为社会注入活力，也能增添晚年生活的价值和乐趣。但是，如果全社会尚未做好迎接老龄化的准备，不能及时根据人口结构的变化调整公共资源和相关产业的配置，如康养（健康养生）、医疗、照护等，可能会阻碍老年人自我价值的实现，降低老年人的生活质量。全社会应以积极的状态、充分的准备迎接老龄化社会的到来，这需要国家政策、社会服务机构、社区、家庭等多方的共同努力。如何合理调用和规划社会资源，满足不断增长的养老需求，既是对国家养老体系的考验，也是"银发"产业的发展机遇。

老龄化的原因，除了老年人数量的增多，还有出生率和死亡率的降低。就我国的具体情况而言，人口出生率的降低、少年儿童数量的减少，是使我国老龄化程度加深的一大因素。为减缓老龄化进程，优化人口结构，国家把政策调整的方向放在生育上，这就是国家在短短几年内频繁调整计划生育政策，先是废除了严格的独生子女政策，从"单独二胎"开放为"全面二胎"，现在又调整为"鼓励三胎"的原因。有些地区为了鼓励生育，还出台了延长产假等措施。这背后，就有缓解老龄化程度、优化人口结构的用意。一些其他政策的调整，如延迟退休等，也与老龄化社会密切相关。

老龄化社会虽然对国家和社会提出了诸多挑战，但如果应对得当，也能激发老年人本身的能量，发掘出老年服务产业的发展机遇。比如，许多刚刚步入老年期的低龄健康老年人，还可以继续在社会上发光发热，成为极宝贵的人力资源；老年人群有自身的消费习惯和消费结构，挖掘老年人的消费潜力，可以促成"银发经济"的蓬勃发展；科技创新与老年人的需求相结合，可以推动老年医疗保健服务的更新换代……对于老龄化社会来说，挑战与机遇是并存的。积极应对老龄化，鼓励老年人积极参与社会生活，在全社会倡导尊老爱老的氛围，同时从政策制度和产业发展等方面做出应对老龄化的调整，将会有利于我国抓住老龄化社会带来的机遇，有利于越来越多的老年人充实地度过晚年生活。

二、积极老龄化

积极老龄化是联合国为应对日益严峻的全球老龄化问题而提出的策略，提倡老年人在保障身心健康的同时，继续发掘自身潜能，更多地参与到社会活动中，获得更多社会支持和保障。这样不仅老年人自身能够提高晚年生活质量，整个社会也会因此获益。积极老龄化已经成为各国公认并持续倡导的理念，我国也在根据国情和地区实际发展情况，不断探索积极老龄化的实现方式，让更多的机构和人员参与到积极老龄化事业当中。

积极老龄化是在健康老龄化的基础上发展而来的。在 20 世纪 80 年代，世界卫生大会提出了"健康老龄化"的概念，认为针对人口老龄化问题，各国应努力保障老年群体的生命健康和生活质量，应尽量使老年人减少疾病、维持健康、保障基本的生活自理能力，这是一个国家或地区全体成员的共同使命和责任。进入 90 年代末，面对老龄化程度不断加深的现实，国际社会对健康老龄化的理念进行了更新换代，在健康老龄化的基础上发展出了"积极老龄化"概念，指的是人到老年时，仍然有权利和能力积极参与社会公共事务，在保持健康的同时为他人和社会做出贡献。积极老龄化其实改变了人们对老年生活状态的认识。过去人们一般认为，一个人在青年时期精力充沛、活力十足，在中年时期是家庭和社会的中流砥柱，而到了晚年，则暮气沉沉、缺乏活力，逐渐成为社会的负担。其实这是一种陈旧的老年观。积极老龄化就是要打破这种认知，主张即使进入老年，即使已经退休或患病，人们依然可以成为社会价值的创造者，其他家庭和社会成员应该为老年人创造条件，不能歧视和排斥老年人，要鼓励他们保持活跃的状态，成为社会发展的贡献者。

"老骥伏枥，志在千里。"这是曹操《短歌行》中的名句，也是后人用来形容老而不衰、老而弥坚的心境的名言。这其实与积极老龄化所倡导的理念有不谋而合之处。每个人都会变老，但年龄的增长和身体机能的下降并不一定会阻碍一个人继续实现人生价值。很多老年朋友都经历或听说过"退休病"，指一到退休年龄，不再参与单位的具体工作，不再与同事打交道，生活规律就被打乱了，开始出现思想空虚、意志消沉、忧郁倦怠等症状，久而久之会诱发身体疾病。其实，如果积极老龄化得以倡导和实行，是可以消除"退休病"困扰的。老年朋友们即使退休，也可以根据自身的意愿和能力，在社会上再谋得一份职位，这既能增加收入、减少陷入贫困的可能性，也能让身体动起来，保持身心健康和自我照料的能力。

当然，积极老龄化的活动形式有很多，不局限于找到一份挣钱的工作。即使不重新进入社会，也可以通过社区和家庭来实现自我价值。新冠肺炎疫情期间，许多老年人戴上了"小红帽"，穿上了红马甲，自觉成为疫情防控志愿者，协助社区工作者一起维护社区的安全有序。这种无私奉献，既能锻炼身体、扩大社交圈子，又能在奉献中获得无数点赞，收获一份充实感和成就感。许多老年人自发成立社区舞蹈队、合唱团等组织，在兴趣的吸引下与更多同龄人结伴活动，生活多姿多彩；还有许多老年人，在家庭中承担照料孙辈的责任，一方面能够让子女更安心地工作，让家庭内部更好地实现代际分工，另一方面也能让自己享受天伦之乐，在孙辈的成长中感受自我价值。这些社会和家庭活动，都可以成为我们提高晚年生活质量的积极行动，都是积极老龄化的方式。

对整个社会而言，老年人参与社会生活，既能够创造社会财富，也能降低老年人群体患病的概率，从而减少整体的照护和医疗负担。我们应该在全社会持续开展健康教育，鼓励人们养成科学健康的生活习惯。应该认识到，积极老龄化并不仅使老年群体受益，对提升整个社会的福祉也是有益的，而倡导和践行积极老龄化，不仅需要老年人的努力，还需要整个社会创造有利于老年人参与的环境和氛围。政府和社会应该关注老年人的需求，逐步破除老年人重新进入社会生活的环境和制度阻碍，保障老年人参与社会活动时有足够的权益、安全、医疗等保障，让更多老年人更体面、更有价值地度过晚年生活。

三、健康中国

　　"健康中国"是一项为提高全民健康水平而提出的国家发展战略，是与我国经济社会的不断发展和人民对生活的更高追求相适应的。这一战略的出台和实施有几个关键节点：2016 年，《"健康中国 2030"规划纲要》由中共中央、国务院印发，规定了"共建共享，全民健康"的战略主题，并提出到 2030 年，要在国民健康水平和健康生活等多个方面有所提升；2019 年，国务院出台了《健康中国行动（2019—2030 年）》，这一文件更加系统和有针对性地指出当前国民健康存在的主要问题和影响国民健康的因素，提出疾病预防和促进健康的方式，为民众在健康领域细化了行动指南，最终目的是让群众不生病、少生病，从而提高人均寿命和生活质量。

　　健康中国战略的提出和实施，是我国不断向前发展的现实在卫生健康领域的表现，是与当前人们生活水平提高和生活方式变化密切相关的，具有鲜明的时代背景。国民健康水平，是衡量一个国家发展程度和社会文明程度的重要标尺。在中华人民共和国成立之前，中国积贫积弱、任人欺凌，中国人民被叫作"东亚病夫"，这是中国人难以忘怀的历史耻辱。1949 年之后尤其是改革开放以来，中国昂首阔步向前进，完成了从"站起来""富起来"到"强起来"的跨越，觉醒的"东方雄狮"让世界都看到了中国的崭新面貌。与国家经济发展同步的，是医疗卫生事业的进步和人民生活水平的提高。过去，人民吃不饱饭，营养状况不佳，生病了得不到及时的救治，人均寿命不高；现在，人民温饱问题已经解决，医疗卫生事业也在为人民的健康保驾护航，人均寿命大幅提升，长寿老年人越来越多，这都是发展带来的成果。

虽然人们不再有营养不良的困扰，但劳动方式和生活方式的变化、人们健康素养不高等原因，使人们的营养摄入由"不足"走向"过剩"，"现代病""富贵病"有增多的趋势。比如，现在很多工作需要坐在办公室，长期坐着容易引发颈椎、腰椎问题；人们越来越离不开手机、电脑，眼部疾病频发，青少年近视率不断上升；一些年轻人不注重保养身体和调整生活方式，长期吃外卖、熬夜，使身体处于亚健康状态；一些老年人不明白什么才是健康饮食，用大鱼大肉盲目进补，导致出现"三高"、糖尿病等慢性疾病。另外，健康问题可能以新的面貌出现，以"看不见"的形式给人们带来困扰。比如，随着社会节奏的加快，人们的生活压力越来越大，休闲和社交的时间被挤占，网络的发达又让人们忽略了现实生活的精彩，长此以往，可能诱发抑郁症等心理疾病，让人感受不到生命的意义和生活的精彩，严重的甚至会导致患者自杀。这些都是随着现代社会的发展而产生的健康问题，如果不加以干预，健康问题会越来越多，最终也不利于全民健康水平的提高。人们的生活水平提高了，相应的健康素养也应当有所提升，应当在知道如何更好地进行自我健康管理，在有知识、有能力保养身体的同时，及时有效地发现早期疾病，阻止疾病恶化，守护自己和家人的健康。

在这样的社会背景下，国家提出健康中国战略，目的就是唤醒全社会的力量，让政府、医疗卫生系统、产业、社区、家庭和个人等，共同关注健康问题、倡导健康生活方式。在国家提出的健康中国行动中，有针对重大慢性病的防治行动，包括心脑血管疾病、癌症、慢性呼吸系统疾病、糖尿病四类，也包括对公众提出的指导建议，如膳食营养指南、适用于不同人群的运动指导等。在分析了现阶段公众健康影响因素后，还提出了多方位的措施，包括实施健康知识普及行动、合理膳食行动、全民健身行动、控烟行动等，规定了要在 2030 年，在这些方面获得整体提升。健康中国行动还对不同年龄阶段的人群提出了有针对性的健康促进目标，包括实施妇幼健康促进行动，降低婴儿和孕产妇死亡率；实施中小学健康行动，降低少年儿童近视率；实施职业健康保护行动，关注危险行业职业病防治；实施老年健康促进行动，降低老年人失能的发生率，降低阿尔茨海默症等的患病率等。健康中国行动目标的实现，需要动员各方广泛参与，形成政府牵头负责、社会积极参与、个人体现健康责任的局面，形成维护和促进健康的强大合力，成为国家繁荣昌盛和人民幸福生活的有力支撑。

四、老年友好城市

随着经济社会和医疗卫生事业的发展，人们的寿命越来越长，老年人口在总人口中的比例越来越大，让老年人在快节奏的城市生活中过得更加健康、更加舒适、更有尊严、更有价值，是现代社会应当共同承担的责任。老年友好城市就是在老龄化程度日益加深的社会背景下，面向老年人群提出的城市发展理念，它旨在倡导城市空间规划和城市运行规则更加关注老年人的需求，不能让快速发展的信息化、智能化趋势将老年人甩在后面，破除老年人参与社会生活的硬件和软件障碍，让老年人共享城市发展的成果。老年友好城市不只是关注老年群体，更是强调一种全周期的城市发展理念，也就是让少年儿童、青年人、中老年人都能在城市中享受美好生活。

老年友好城市并不是一个新概念，它在 2005 年就已由世界卫生组织提出，以适应世界范围内老龄化的人口变化趋势。尽管老年友好城市作为一个整体概念得到了世界各国的认可，但就这一概念的细致定义并没有统一的意见，各国根据实际情况不断地丰富它的内涵和做法。2007 年，世卫组织发布了《全球老年友好城市建设指南》，内容涵盖户外空间、建筑、交通、住房、社会参与、尊重和包容、公众参与、就业、交流与信息、社区支持和卫生保健服务等。可以看到，老年友好城市建设既包括空间优化，也包括公共设施优化，还包括社会和文化方面的提升，是一个整体性的城市发展框架。在我国，建设老年友好城市，推动城市更宜居、和谐，保障老年人的城市生活更健康、公平，一直是老龄事业发展的重要方向。

我们可以通过几个细节，来看看中老年友好城市建设能给真实的社会生活带来哪些改变。随着年龄的增加，老年人身体机能衰退，高龄老年人腿脚不便，步行缓慢，需要拄拐杖、坐轮椅出行的人也不在少数。在这种情况下，城市生活和休闲设施的设置就要考虑到老年人的实际情况，将道路设计得更宽阔平缓，适量安装扶手，方便老年人出行。城市整体的规划设计，也要适当考虑老年人的健身休闲需求，增加公园绿地的面积，让老年人有充足的活动场所。另外，考虑到老年人乘坐公共交通的需求，在设计地铁、公交等时要顾及老年人的行动特点，将乘坐轮椅的情况考虑进去，或者安排专门的工作人员帮助老年人乘坐公共交通，从制度安排上保障他们享受公共基础设施的权利。除了上述公共设施，商场、图书馆、电影院等公共场所也应做一些改善，如设置休息座椅，在卫生间设置方便老年人使用的扶手、便捷求助按键等，来响应老年友好城市建设。

社区及家庭内部设施的适老化改造，也是老年友好城市建设的一个重要方面。适老化改造，就是让现有的设施对老年人而言更加安全、易于操作，更贴合老年人的使用习惯。老年人的身体状况不适合剧烈运动，所以社区的公共健身器材和活动场所要考虑老年人的需求，多设置便于老年人使用的器材，有条件的社区还可以在阳光充足的地方设置休闲座椅，方便老年人晒太阳、聊天，丰富社会生活。社区开展活动时，也要照顾到老年人的需求，多安排健康宣讲、休闲娱乐等方面的活动，对于力所能及的老年人，为他们开放参加志愿服务等集体活动的机会，帮助他们在助人中获得价值感。有些老旧小区建造时间较早，没有安装电梯，对于生活在中高楼层的老年人来说十分不便，对于需要轮椅出行的老年人来说，上下楼更是难于登天，也为家庭带来困扰。政府意识到了这一问题，北京、上海等财政预算充足的城市，已经开始实施老旧小区加装电梯的民心工程，这一改变最受益的人群就是腿脚不便的老年人。

推进老年友好城市建设，还要破除老年人社会参与的障碍，保障老年群体公平享受社会发展的成果。信息时代的飞速发展带来许多新生事物，让人们应接不暇，更让老年群体感到无所适从。随着移动互联网的不断更新换代，人们日常的生活也在短时间内发生了巨大改变，现金购物已逐渐被手机支付取代，电话和短信已逐渐被微信等社交软件取代，打车要用打车软件，去医院看病要先在网上或大厅自主挂号……加上新冠肺炎疫情对人们生活的侵入，对于不会用智能手机扫描、展示健康码、行程码的老年人来说，在生活中更是寸步难行。我们看到，高科技虽给人们的生活带来诸多便利，但也在无形中设置了一道屏障，将不会用手机和网络的老年群体隔绝在了城市文明之外，这就背离了老年友好城市建设的初衷，需要重点改善。在这些方面，我们可以做的还有很多，比如在社区开办老年大学，通过多种途径鼓励老年人积极学习和接受新事物。同时，也需要在各个领域为老年人开通绿色通道，提供人工服务。让我们的城市"慢"下来，等等步履蹒跚的老年人，让老年人也能感受城市生活的温暖和美好，这既是我们共同的责任，也是全社会真正以人为本、文明进步的表现。

第二章

经济篇

随着时代的快速发展，我们开始在电视、网络、报纸上接触许多新名词、新概念。从整体国家战略，到特定行业发展，似乎每个领域的新提法都层出不穷。乍看这些新名词，可能显得晦涩艰深，让人摸不着头脑。实际上，面对不懂的名词完全不用产生畏难心理，这些概念都是在现有社会现实和技术条件的基础上产生的，如果用通俗的语言解释其中的道理，我们很容易就能掌握它们的要义。一些词响应了新时代的发展要求，如国内国际双循环、碳中和、新能源；一些词是网络信息技术进步的成果，如大数据、物联网、人工智能；一些词是信息时代产业创新的体现，如共享经济、数字经济……这些新名词，浓缩了新时代的技术进步，凝结了人们的智慧，也折射了人们对未来社会的构想，代表了人类文明的新进展。了解这些新名词，不仅能拓展我们的视野，还能帮助我们跟上时代，让我们自身与这个时代同频共振、共同进步。

一、国内国际双循环

简单来讲，在国内实现的社会经济再生产又被称为"内循环"，在国际范围内实现的社会经济再生产又被称为"外循环"。国内国际双循环就是既注重国内市场和内需，又积极参与国际经济合作和竞争的新经济发展格局，是我国应对世界贸易风险所做出的经济战略调整。

所谓循环，其实是简单的经济学概念，反映了社会经济从生产、交换、分配再到消费的周期性运行。市场经济中的任何商品都要经过一个循环。举个例子来说，一件衣服从设计款式，到采购原材料、工厂生产、投放市场，再到进入商店，最终被消费者购买，使得前面的环节陆续获得收益，再投入下一阶段的生产，就形成了一个完整的循环。更加复杂精密的商品，如手机、电脑、汽车、医疗器械等，涉及的环节更多，但从生产到消费，再用收益进行下一次生产，其基本原理是相似的。如果其中任何一个环节中断，那么就不能实现循环，也打破了经济运行的正常秩序。

我国实行改革开放，发展商品经济，把中国制造的商品卖到了世界各地，取得了经济的腾飞，这与积极参与经济全球化，也就是参与国际循环，是紧密相关的。畅通的国际循环需要建立在全球贸易公平、稳定的前提下，但是最近几年，以美国为首的一些国家敌视我国的崛起，企图通过贸易制裁等方式遏制我国的发展，频频破坏既定的贸易规则，引发了诸多冲突。这种情况下，原本希望在全球合作中互利共赢的中国，就在国际循环中受到了损失，失去了一些发展机会。原本由我们承担的国际循环中的某一环节，就有可能中断，原本我们国家参与生产的商品，就可能因为关税壁垒而失去销路，引发工厂的倒闭、工人的失业，这对我国经济发展和社会稳定是极其不利的。另外，由于新冠肺炎疫情对各国经济的消极影响，来自国际社会的不确定性逐渐增加，这时国家就需要审时度势，适时调整出口和外贸的经济发展格局。

在国际环境充满风险的背景下，我们要转变发展思路，不能让我国的经济受制于其他国家的产业体系，而是要把重点放在国内，完善产业结构，扩大国内市场，让社会经济的再生产在国内也能顺利进行。事实表明，我国有 14 亿人口，有相当完善的工业门类，各类技术人才队伍也在不断充实，完全有能力挖掘内部潜力，让各类产品在国内就生产出来、消费出去，实现"国内大循环"。国内国际双循环战略，其实是我们国家在面对不确定的国际环境时采取的积极应对措施。

应当强调的是，我们提出国内国际双循环，并不是排斥他国，更不是闭关锁国，而是要提高我们发展的主动权。中国始终秉承开放包容的态度，欢迎任何进行公平贸易的国家同我们开展合作。同时，我们的经济发展应该能够经得起考验，即使某些国家企图通过干扰贸易等手段阻挠我国的发展，我们还是有足够的实力与他们周旋。而发展好国内的经济，也就是打通国内循环，就是我们的实力来源和底气所在。

在全球化时代，以国际分工为基础发展出的产业规模是十分庞大的，大到能源资源，小到衣帽鞋袜，任何支撑我们日常生活的物质，都有可能是国际分工的结果，这就使得各国的经济相互依赖、密不可分。我们不能也不想与世界经济发展脱钩，所以在这种情况下，积极开拓进取，不放弃既有的国际循环，同时将重心放在我们国内自身的经济体系完善上，是更可取的战略，反映了党和国家领导人的开拓进取和深谋远虑。

二、碳中和

碳中和是指人们排放和吸收的二氧化碳总量相等。碳中和的"碳"，指的就是二氧化碳，一种主要的温室气体。温室气体会造成全球变暖、极端天气频发、北极冰川融化等后果，如果任由情况发展下去，甚至会引起海平面上升，淹没沿海地区的陆地，给人类社会带来深重灾难。实现碳中和，能在保护环境的同时促进节能减排，营造和谐的生态环境，维护人类共有的地球家园。碳中和是我国大力倡导的发展理念，也是国际社会共同努力的目标。

二氧化碳的产生与人们的社会生活密切相关。其实人类本身就是碳排放的来源之一，因为人类生存在地球上，需要吸入氧气，呼出二氧化碳。人们正常生活所依赖的各类物质，如食品、衣服、电器、汽车等，其生产过程也会产生二氧化碳。工业发展和能源消耗产生的二氧化碳，是温室气体增加的主要原因，也是我们实现碳中和需要着力改善的方面。

实现碳中和，就是实现二氧化碳的收支相抵，而这主要包括两方面，一是减少碳排放，主要通过节能减排、能源转换来实现；二是增加碳吸收，可以采用植树造林的办法，让植物通过光合作用吸收更多二氧化碳。强调碳中和，不仅能保护环境，还能促进企业节能减排，提高能源资源利用效率，刺激新能源产业的发展，让风能、太阳能等可再生、少污染甚至无污染的清洁能源，逐渐代替煤炭、石油等不可再生、高污染的能源，实现能源资源的转换。能源工业取得了成绩，还能成为新的经济增长点，让环境保护和经济发展并行不悖。

实现碳中和是一项全球性、系统性的工程，需要全世界所有国家的共同努力。我们生活在地球村，同呼吸、共命运，任何一个国家的发展都与其他国家息息相关。在实现碳中和的过程中，任何国家的缺席都可能削弱全球其他国家做出的努力，所以紧密的国际对话和国际协作是实现全球碳中和的必要路径。对于我国来说，倡导碳中和，不仅是国内环境保护和经济发展的目标，也是为全人类携手共创美好家园做出的努力，是我们国家作为最大的发展中国家应尽到的国际责任。

值得注意的是，全世界都认识到了碳中和对人类社会的积极意义，但真正实现碳中和，是一个长时间的过程。对于包括中国在内的发展中国家来说，实现经济发展方式和人们生活方式的转换，并非一朝一夕的事。贸然用碳中和的目标压倒一切，其结果就是现有的工厂可能因为能源利用效率不高、环境保护措施不严格而被关停，这涉及关乎我们切身利益的经济和民生，是我们不能接受的。一些发达国家已经实现了高能耗、高污染产业向他国的转移，科学技术水平也足以支撑他们在实现碳中和的路上走在前列，他们就对相对落后的发展中国家提出过高、过快的碳中和要求，甚至将碳中和作为遏制我国经济正常发展的筹码，这是非常不公平的，我们应当对此有清醒的认识。

2020 年 9 月 22 日，中国政府在第七十五届联合国大会上提出："中国将提高国家自主贡献力度，采取更加有力的政策和措施，二氧化碳排放力争于 2030 年前达到峰值，努力争取 2060 年前实现碳中和。"那么我们作为普通人，又能为实现碳中和的目标做什么贡献？其实，我们可以通过调整生活方式实现个人的碳中和。在选购家用电器时选择低能耗的产品，节约用水用电，少开私家车，多乘坐公共交通，短距离出行选择骑行或者步行，尽量不浪费食物等，都是我们践行低碳生活的途径。低碳生活，现在已经成为一种时尚的生活方式。希望更多的人能够加入进来，以实际行动共同维护地球美好家园。

三、新能源

新能源是相对于传统能源而言的，传统能源包括煤炭、石油、天然气等，而新能源包括太阳能、风能、潮汐能、地热能、生物能和核聚变能等。与不可再生、易产生污染的传统能源相比，新能源最大的优势就是环保和可再生，不会对环境产生威胁，也不存在资源枯竭的风险，这也是各国大力发展新能源的原因。

新能源不是指新产生的能源，它们一直都存在，如太阳光、水流、风力等，只不过人类思维的拓展和科学技术的进步，使之变成了可利用的能源，并在不断的技术积累和市场推广中使其以新能源的面貌出现在大众视野中。所以，科学技术的革新是新能源发展的必要条件，新能源的利用是与现代社会的科技进步紧密相关的。

　　大力发展新能源，既是保护环境的需要，也是缓解能源危机、保障国家能源安全的客观要求。对于中国来说，经济社会的快速发展带来了越来越高的能源需求，我们已经不能做到能源的自给自足，必须从国际市场上购买能源。这就意味着我们的经济体系时刻会受到国际能源市场波动的影响，大大增加了安全风险。相比之下，新能源取之不尽、用之不竭，且来源多样、用途广泛，如果能得到充分开发和利用，完全可以成为传统能源的优质替代品，成为我国能源安全的有力保障。

　　发展新能源不仅是为了保护环境和缓解能源危机的被动选择，如果引导得当，新能源还可以成为新的科技突破点和经济增长点，能够刺激科学技术进步，激发企业创新活力，实现产品的更新迭代。以我们熟悉的汽车行业为例，汽车是人们出行的基本交通工具之一，但是传统汽车以汽油、柴油为燃料，会产生大量的碳、硫的氧化物、铅化物、颗粒物等污染物。这些污染物是造成大气污染的重要因素，同时会加剧温室气体的累积，我们熟知的城市热岛效应就与汽车污染物有较大关系。随着新能源技术的发展，新能源汽车开始逐步取代传统汽油车、柴油车的市场份额，受到越来越多人的欢迎。我们在街上看到的绿色车牌的汽车，就是应用了新能源的汽车。国家为支持新能源产业发展，还出台了新能源汽车购车补贴等优惠政策。除汽车行业之外，与新能源产业上下游相关的节能环保产业、生物产业、新材料产业等也在蓬勃发展，成为国家重点支持的战略性新兴产业。

如今，世界上不少国家都在朝着新能源方向投入技术和资金，希望在这一领域占领发展高地，可见新能源产业巨大的发展潜力。在我国，新能源产业已经成为国家重点扶持的新兴产业。可以预见的是，在不久的将来，随着新能源技术的快速发展和人们环保意识的不断提升，我们会离开对传统能源的依赖，充分开发和利用各类对环境友好的、可永续利用的能源，推动文明不断向前发展。

四、大数据

　　大数据是信息技术领域的专业术语，指海量的信息。那么，究竟多"大"的数据才能被称为大数据？数据涉及的人足够多，样本量足够大，就能被称为大数据吗？比如，我国于 2020 年进行了第七次人口普查，涵盖了全国约 14 亿人，这种人口普查数据能被称为大数据吗？答案是否定的。大数据的概念与信息技术密切相关，需要特定的信息技术框架才能够查看、整理、提取、传输和存储，与传统的数据产生和收集方法有很大的区别。与常规数据相比，大数据除了数量大、信息多，还有很多特殊之处，如大数据产生的速度极快，网络上的任何行为都可以立即被转化为大数据的一部分；大数据具有真实性，它的产生由很多主体的行为构成，不会因为某一个人或某几个人的影响而被掩盖；大数据的来源多样，人们的网页浏览记录、行车轨迹、气温风向等，都是大数据产生的源头。

虽然大数据看似复杂，但它并不神秘，有着非常丰富的应用场景。其实，您在生活中已经接触到了大数据产生的信息，甚至您正在使用的软件，就在以大数据为基础提供各项服务。比如，疯狂的"双十一"购物节以各种低价促销活动刺激人们的消费，成交量巨大，而在第二天，我们马上就能知道"双十一"当天的总交易额，这就是海量大数据精准计算的结果。再如，我们在手机上点外卖，外卖小哥总是能选择最优的路线、以最快的速度将外卖送到指定地址，这就是因为大数据向他们推荐了路线。除此之外，大数据还可以用于企业的精准营销，利用大数据将某类商品信息推送给最有可能消费该商品的人群，比如向老年朋友推送保健品广告、向女性推送化妆品、向家长推送教辅材料等。您可能会感到奇怪：网络怎么这么了解顾客的个人信息？这就是大数据的魔力，它能够根据顾客以往的网页浏览记录、消费记录等，推测出顾客的年龄、性别、职业、消费偏好等信息，然后根据这些信息向顾客推销产品。大数据具有非常重要的商业价值和决策指导价值，是网络时代宝贵的信息资源。

重要的基础型大数据一般掌握在国家通信部门等大型机构手中，是国家宏观决策和商业决策的重要依据。其实，网络是一个开放共享的平台，个人如果掌握了一定的互联网搜索和数据提取技能，也可以较容易地从互联网中提取到大数据，用于分析问题、把握趋势。由于大数据的重要价值，大数据及由大数据加工衍生而成的数字信息产品已经成为重要的新型商品，并且催生了一个新的产业。大数据应用广泛，可以为其他产业提供数据信息服务，其本身也已经成为国家重点发展的高新产业之一。如果您加以留意，会发现很多城市新兴的产业园区里面都有大数据产业的身影，许多高校也已经开设与大数据相关的课程，以回应时代发展的需要。可以说，大数据代表了以网络信息技术为基础的高新产业的发展方向，深入挖掘与大数据相关的技术可以有效助力国家的经济社会进步。

尽管大数据的应用为相关产业的发展和人们的生活提供了诸多便利，但也引发了公众对于信息泄露的担忧。相信大家都有过这样的经历：在打开手机应用时，会收到自动推送过来的各种信息或广告，而这些内容恰好是我们近期曾关注或搜索过的。手机怎么会如此了解我们的所思所想？其实，这是大数据在背后起作用。之前的浏览记录会被手机记录下来，成为大数据的一部分，大数据经过计算，会预测出您的偏好，继续推送相关内容。而这一过程，往往未经用户知情同意。有些应用甚至会违规收集手机上的个人信息，根据个人年龄、职业等精准推送广告，更有甚者，会再次贩卖用户信息，造成个人隐私泄露。好在我们国家正在探索出台互联网时代防止商业机构窃取客户信息、合法保护公民隐私的法规条文，相信相关规定会越来越完善，让技术的发展真正服务于人、造福于人，推动科技向善、技术向善。

五、物联网

如果说我们熟悉的互联网是电脑与电脑的连接，那么物联网就是物与物、物与人的连接，是信息时代实现万物互联互通的庞大而精密的系统。物联网是信息科技领域的专业术语，在未来也将会更加普遍地应用到人们的日常生活中。有了物联网，任何物体都不再是孤立存在的，而是像有了一个身份证一样，被纳入到一个网络当中，可以随时被定位、感知和管理。在物联网内，任何物体都能发射信号，将自己的属性、特点、运行状态转换成数据信息，也可以接受其他物体发来的信息，它们之间的互联互通，可以让信息的传递更加便捷，让人们做事更加高效。物联网的顺利运行，离不开无处不在的大数据，以及无时无刻不在运行的云计算。

乍看起来，物联网高深莫测，实际上它已经开始应用到我们的日常生活当中。有一些公司尝试设计了融合物联网的智能家居用品，比如电视机、窗帘、空调、热水壶、灯具等，受到人们的欢迎。以空调为例，在物联网时代之前，空调就是一个孤立的家用电器，需要使用遥控器打开它，设定想要的温度。但物联网内的空调可以连接手机，如果您在炎热的夏季出门购物，想要一进家门就感到凉爽，可以在手机上给它发出指令，让它提前开始运行。它还会自动感知室内温度，根据用户事先设置的温度偏好自动启动运行，夏天吹凉风，冬天吹暖风，让人始终处在温度适宜的环境中。如果更多的家居用品处在物联网中，那么生活就更加便捷了：早晨，智能窗帘按照您设置的时间自动打开，并且开始播放舒缓的音乐叫您起床；您使用智能牙刷刷牙，它会提醒您正确的刷牙位置，还能监测您的口腔健康；您站在智能体重秤上，它除了显示您的体重，还会测量血压、体脂率等，并且根据您的健康数据提供饮食和运动的建议；您刚坐到沙发上，智能电视就自动开始播放您每天都要收看的新闻节目；即使出门在外，您也可以通过智能摄像头查看家里的情况，还能控制摄像头的角度……想象一下，生活在这样的物联网家居环境中，各种家具家电都好像长了脑袋，不等您发出指令就能猜出您的心思，还能根据您的喜好自动化运行，日常生活是不是充满了"酷炫"的科技感？

对于老年群体来说，有些物联网设备可以极大地提升生活的安全感和幸福感。比如小小的智能手表，戴上它，就能实时监测老年人的心率、血压等数据，还能反映睡眠质量。如果老年人不慎跌倒，或者遇到了其他紧急情况，它也能发出信号，甚至能根据健康数据的变化而准确感知到危险，发出求救信号，让老年人的家人或医护人员及时赶到现场进行救治。老年人外出时，子女也不必过分担心老年人迷路或走失，因为能通过老年人穿戴在身上的智能设备进行定位。现在，物联网为越来越多的养老产业所用，智慧养老产业已经成为越来越多人投身建设的新兴产业。这不仅能帮助老年人过上更加安全、便利、舒心的晚年生活，也能让政府和相关机构更便捷和全面地掌握养老数据和资源匹配状况。

　　物联网的应用范围非常广泛，家居或养老只是与人们生活密切相关的两个方面。在其他公共领域，如城市道路交通、电网运行、公共安全等，物联网也能发挥极大的作用，将人们的需求与资源的分配精准匹配起来。例如在城市主干道上设置醒目的电子屏幕，通过物联网实时反馈前方路面情况，提醒人们下一路段的拥堵状况，建议司机合理选择路线；在机场等需要重点保障安全的地点安装智能探测仪，一旦有翻越、偷渡、恐怖袭击等危险情况，探测仪就能马上定位，反馈给指挥中心；利用物联网，还能实时监测天空、海洋、地表等自然环境的数据，为保护环境提供依据，还能实现对自然灾害的准确预测。

　　虽然物联网是一种具有革新意义的发展方向，也形成了一定的产业规模，但它的发展也面临一些挑战。物联网涉及的部门是复杂多样的，如何统一技术标准，实现更大范围内的互联互通，还有待信息技术领域去攻克。物联网随时随地都在产生大量的数据和信息，如果不能妥善应用，就会造成信息的堵塞、浪费，这对背后的综合管理平台提出了非常大的挑战。另外，对于个体而言，物联网虽然便捷，也将涉及个人隐私的数据放在了更大的公共平台上，如何做到安全性与便利性的平衡，也是对物联网发展的极大考验。

六、人工智能

人工智能（Artificial Intelligence，简称 AI），是通过计算机技术让机器学习人类的思维、语言、行为等高级活动，让机器也能像人类一样思考、决策和行动的技术。人工智能可以从两个方面来理解，一是"人工"，指由人类开发、制造，而不是像人类一样天生具有智慧的大脑；二是"智能"，指不是简单地接收指令，而是像人类一样具有思考的能力，能够感知周围的情况，做出判断和行动。让由零件构成的机器思考，让人工智能模仿人类的智慧，可不是一件容易的事，它背后有众多学科的支撑，包括计算机科学、认知科学、心理学、神经生物学等。

拥有智慧的大脑，是人类与其他动物、物体区别开来的根本条件。人类会使用工具、制造工具，随着智慧的进化，人类还制造出了更复杂的机器工具，辅助我们更好地获取资源。工业革命以后，人类不断开发更精密的机器，而信息技术革命的到来和电脑的问世，带来了人类生活方式的又一次革新。我们制造出了很多方便生产和生活的机器，如空调、热水壶等，我们按下按键，这些机器就会根据指令开始工作。对于一些复杂的机器，如手机、电脑等，我们还要先学习如何对它们发出正确的指令，才能顺利使用。也就是说，要先学会用机器的语言与它沟通，才能让机器按照人的要求去做事。

后来，科学家们开始思考：能不能发明一种方法，反过来让机器学习人类的语言、思考方式，让机器完成需要人类智慧才能完成的复杂工作，从而减轻人类的负担呢？人工智能最关键之处在于探索人的大脑，用科学语言还原人类大脑内部的运作方式，把这套科学语言植入机器中。然后，让机器也像人类的小婴儿一样开始学习如何对事物进行判断和归类，遇到各种不同情况该如何处理等，久而久之机器就能够自主判断和决策。随着不同领域科学家的共同探索，人工智能应运而生，越来越多使用人工智能技术的机器被发明和制造出来。

　　时至今日，人工智能已经较为广泛地应用到各个行业和人们的日常生活当中，为人们的生产和生活带来便利。以日常生活为例，如果购买了智能音箱，想要听歌曲《友谊地久天长》，我们不用再去使用按钮启动和输入歌曲名。智能音箱能直接听懂人类的语言，我们通过特定口令唤醒它，直接对它说"播放歌曲《友谊地久天长》"，它就会播放这首歌曲了。学生学习外语时，如果有智能翻译笔，用它扫描或者直接听外语，它就会按照中文的语言规则给出正确的翻译。一些智能手机也具备人工智能功能，对它发出指令，如"今天的天气怎么样"或者"给老李打电话"等，手机就能听懂您的话，按照命令完成任务。还有一些手机，能够进行人脸识别，也就是说它认识主人的面孔，当它看到主人的面孔，就会自动解锁，而陌生人是无法通过面孔解锁的。上述这些机器都应用了基础的人工智能技术，更方便人们操作和使用。

　　除了上述生活场景，人工智能还有更大的用途。当前，人们正在探索自动驾驶技术，即把人工智能植入行车系统。如果这项技术发展成熟，以后司机师傅就不用奔波劳碌了，自动驾驶汽车能够不知疲倦地自动行驶，还能自动选择最优路线，同时确保安全，在感知到前方有障碍物时及时刹车或采取其他避险措施。另外，人们现在必须要承担的危险工作，也可以交给人工智能来完成。如消防工作，如果有了完善的人工智能机器人，这些机器人就能代替消防员冲入火场，救出伤员，扑灭火情，减少人员和财产的损失。如果我们放开想象力，或许以后先进的人工智能可以代替人类完成更加复杂的工作，突破人类身体的限制，帮助我们探索宇宙的奥秘。

人工智能的快速发展在改变我们生活的同时，也引发了人们对未来的担忧。如果机器能代替人工作，那么以后需要人来负责的工作岗位会越来越少，造成的失业问题该怎么办？如果人工智能继续发展，机器有了和人一样的思维和感情，从伦理的角度看，我们还能仅仅把它当作机器吗？如果人工智能让机器学会学习，那么有一天它的智慧超过了人类大脑，不受人类控制了怎么办？这些都是前沿科学家们思考的有关人工智能的前瞻性问题。现阶段我们还不必担心现实生活中会出现科幻电影的情节。科学家们正在努力探索，怎么让人工智能在给人类带来方便的同时确保它的安全性，使人工智能最终为人类社会服务，为人类更美好的生活服务。

七、共享经济

共享经济是互联网时代的一种新兴经济形式。简单来说，就是一方拥有暂时闲置的资源，把这个闲置资源的信息发布在网络平台上，供需要的人使用，使用者只需支付短时间租用的费用即可。这样一来，拥有资源的人通过闲置资源获得了收益，使用者也不必为了短时间的需求花费购买物品的钱，双方都减少了浪费，节省了资金，还让资源物有所用，这样的交易方式就是共享经济。共享单车、网约车、民宿等都属于共享经济。

以前，我们想要使用某种物品，只能在商店购买。比如，我们需要用到自行车，那就要去商店购买，然后这辆自行车就有了主人，我们骑到哪儿，就要把车锁到哪儿。但有了共享单车之后，人们即使有骑自行车的需求，也不必购买了，直接用手机扫码就能打开街边的一辆共享单车，它会根据距离和时间自动计费。相比于购买自行车，使用共享单车花费的钱要少得多，也无须考虑长期停车、锁车的问题。对于商家而言，共享单车可以循环使用，不断产生收益，这对双方都是有利的。不只自行车能共享，共享经济的领域非常多，如共享汽车、共享充电宝、共享雨伞、共享衣橱、共享停车位等。

闲置资源的供给方，也就是能获得收益的一方，可以是一个公司，也可以是个人。刚才说到的共享单车等，它的供给方就是公司，实际上，其他形式的共享经济让个人也可以分享闲置资源。比如，一个上班族每天都需要开车上下班，车里本来可以坐 5 个人，但他只是自己开车，通勤时车里还有空闲位置。他就可以注册为网约车司机，把自己的通勤路线、时间等信息放在网络平台上，与他顺路的人就可以搭车，这样乘车人的花费比直接打车要少，司机也能获得收益，从社会总体上来看还减少了能源消耗，可谓一举多得。另外，民宿也是共享经济的常见形式。如果谁家房屋面积大，有闲置房间，并且愿意将闲置房间用于短租，就可以将房间的信息发布到网上，这样需要住宿的人们就能以较为便宜的价格解决住宿问题。

共享经济能够发展起来，比较核心的一点就是做到信息的互通和联系的构建，也就是说我虽然有闲置资源，但是您要能知道这个信息，并且能够联系到我，我才能把东西租借给您。这一点就是互联网的功劳了。利用互联网，以及大数据、云计算等技术，人们建立了高效的信息平台，方便供给方和需求方建立联系，互通有无。信息平台的盈利，靠的是广告费，以及在双方的交易中收取中介费。对于经营共享业务的公司来说，必须做好市场调研，知道如何投放资源，才能匹配人们的潜在需求，否则就会造成资源的浪费，甚至影响社会秩序。正如新闻报道的那样，大量共享单车堵住了正常道路，被当成废品回收、堆放起来，造成巨大的损失，扰乱了人们的正常生活，这就背离了共享经济的初衷。另外，移动支付对于共享经济也是不可或缺的。比如共享单车，它不像商店一样有收银台、收银员，用户必须使用手机扫码自助使用、自助付款，才能完成整个交易流程。

中国作为互联网经济高速发展的国家，成为共享经济的试验场。众多新奇的共享经济项目开始出现，如共享物流、共享医疗等，令人应接不暇。近些年，中国对共享经济的创新探索受到了世界的瞩目，我国政府部门也开始关注共享经济带来的新变化。共享经济作为一种新兴的经济形式，不仅可以使闲置资源得到高效利用，还创造了许多就业岗位，是人们灵活就业的新领域。同时，共享经济的发展也给监管带来了新挑战，我国正在加紧制定相关法律法规，以维护交易各方的正当权益，解决共享经济领域就业人员的劳动保障问题。相信在未来，有了更加完善和公平的法律法规，共享经济还能给人们带来更多的惊喜。

八、数字经济

　　数字经济的本质就是信息化，所以数字经济又被称为信息经济、互联网经济，代表了未来产业改革的方向。在农业时代，人们耕地种粮，靠的主要是人的体力劳动，发展的是农业经济；在工业时代，人们发明了代替人类进行体力劳动的机器，依靠机器实现了财富的积累，发展的是工业经济；而在当前的信息时代，互联网信息技术日新月异，任何信息都能通过一串计算机可以读懂的数字来识别，信息或数字渗透到生产和生活当中，数字本身成为最高效的生产力，这时候我们发展的经济就被称为数字经济。数字经济需要依赖大量的知识和信息，但这些知识和信息已经不是我们一般意义上所说的书籍、报刊等看得见、摸得着的物体，而是以数字化形态运输和存储在信息网络中的数据。数字不是孤立存在的，而是通过与实体经济结合，带来现有经济和生活方式的巨大转变。

　　数字经济是伴随着信息技术的发展而兴起的，它与不同领域的实体经济相结合，已经在不知不觉中改变了人们的生活。现在出门，我们可以用手机扫码打开单车，在使用完毕后通过手机付款，从头到尾不与任何营业员打交道，仅仅依靠手机和网络就完成这个行动；购物已经不需要去商场或市场，打开手机，通过购物软件就能挑选琳琅满目的商品，有时比在店里买还便宜，还能在约定的时间送货上门；需要开会，也不用专门跑到办公室，打开线上会议软件，就能与多人实现实时沟通，还能共享屏幕、传输文件；如果不想做饭，还能通过手机点外卖，只需手指轻松点几下，商家就能接到您的订单，配送人员就会在约定的时间内将饭菜送上门……这些都属于数字经济，都是将人们的需求、商家的供给，在信息平台上转化成数字，然后通过数字的识别、传输、交换等过程来实现供需匹配的经济形式。数字经济极大地方便了人们的生活，也创造了新的就业岗位，让整个经济体系充满活力。

以上只是简单的几个例子，来说明数字经济的应用场景，实际上整个经济系统都在逐渐转向数字化，它实际的应用比我们能察觉到的要多得多，给人们生产生活带来的改变也大得多。我们可以思考一下，有了信息化、数字化的支持，现有的生产、交换、分配等环节都有哪些特点。可以直观感受到的是，数字经济速度很快，因为互联网能够突破地域的界限，让我们接触到世界各国的商品。数字经济很高效，能找到最匹配人们需求的商品，减少资源的浪费。数字经济还很直接，我们在网上可以直接跟厂家联系，让厂家通过快递发货，减少了许多中间商环节，提高了经济效益。数字经济的特点还有很多，最重要的是它能够与许多产业相结合，让原有产业焕发出新的活力。

不仅是在经济领域，数字经济还改变了城市的管理方式和公共服务方式。比如，在各地政府探索高效服务群众、提高政务效能的过程中，数字经济就派上了用场。它可以开发出一个系统，将群众办事的资料及流程简化成数字，这样群众不需要出门，更不需要多个部门来回跑，就能在线上完成业务办理。对于政府工作人员来说，还减轻了负担，减少了出错率。另外，数字经济还可以应用于养老、医疗等民生产业，让普通百姓享受数字经济带来的便利。

时至今日，数字经济已经发展为世界上增长最快的经济形式，各国都在抢抓数字经济的发展机遇，创业者们也在把握数字经济带来的机会，创造新的产业。在国际上，我们耳熟能详的大公司几乎都与数字经济有关，如微软、谷歌、苹果等。在国内，数字经济的发展也是日新月异，腾讯、阿里巴巴、百度等互联网大企业都在发展数字经济的道路上不断探索，也给人们的生活带来了新的改变。作为未来经济的重头戏，数字经济将继续在信息技术革新的过程中大步前进，引导人类社会向更先进、更智慧的方向发展。

第三章

生活篇

让老年人的生活更加健康快乐、多姿多彩，是老年人及其家人的共同期盼，也是全社会合力建设的重要事业。一些致力于打造高质量晚年生活的养老理念已经发展成熟，与之相关的养老产业也在蓬勃发展。比如，医养结合已经成为养老改革的新方向，能同时满足老年人日常照料和医疗保健这两项基本需求；全生命周期的理念，让人们对健康的关注从治病，转移到整个生命过程的健康管理；旅居养老，让老年人走出家门，到全新的环境中探索未知、愉悦身心；互联网智慧养老，将互联网融入老年人日常生活，通过设计开发一系列产品，让科技服务养老……这些新的理念与产业，在提升老年人身心健康水平的同时，能满足老年人更加个性化的养老需求，也能让老年人共同享受社会科技进步的成果。了解这些名词，可以使我们增加对晚年生活的认识，更新对老年生活的理解，从而选择更合适的养老方式，让晚年生活绽放更多光彩。

一、医养结合

　　医养结合就是指医疗和养老的结合，是为同时满足老年人日常照料和医疗保健这两项基本需求而提出的新型养老模式。可以将这一概念简单理解为，医养结合机构既是医院，又是养老院，同时负责老年人的食宿和健康管理。医养结合是养老改革的新方向，也是医疗改革的新做法，这种模式能够让老年人在安心养老的同时，享受专业医疗团队的保驾护航，让膳食得到合理安排，让大病得到早期识别和干预，让慢性病的病程得到有效控制，以专业、系统的方法维护老年人的身体和心理健康。

　　我们知道，随着我国老龄化程度的不断加深，老年人口越来越多，社区养老和机构养老的需求也越来越大。普通的社区养老机构或专门的养老院，能够满足老年人日常生活的需求，如提供一日三餐、起居住所、活动锻炼场地等，好一些的养老机构会聘请专业人员开展群体活动，或者提供老年人心理咨询服务。但是，仅提供基本的生活条件并不能满足老年人的其他需求，其中重要一项就是医疗需求。对于一些身体状况不太好的老年人，尤其是对患慢性病比例较高的高龄老年人及生活不能自理的老年人而言，还需要长期监测身体状况，根据疾病检查结果随时调整治疗手段和饮食结构，对医疗康复服务的需求更为迫切。这种情况下，不管是选择家庭养老还是机构养老，老年人都需要频繁地前往专科医院，做检查、做治疗。在家庭、养老院、医院等地来回折腾，不仅消耗老年人的精力，也让陪同奔波的家人感到十分不便。

在养老机构和医疗机构相互分离的情况下，老年人的需求得不到有效满足，于是人们开始思考一种针对老年人的新型养老和医疗模式，将二者结合起来，医养结合便应运而生了。2013年，医养结合相关概念出现。2016年，医养结合的概念开始正式在政府文件中被提出并试行，北京率先开设医养结合试点单位。随后，全国各地陆续推行医养结合试点，并且建立了相应的政策支持体系，如促进现有的医疗机构和养老机构加强合作，实行功能互补，通过对现有资源的整合，更好地满足老年人的养老需求等。医养结合模式一经提出，就受到老年群体的欢迎，也让现存的医疗和养老资源得到有效的利用。

实行医养结合有多种途径，各地也探索出了许多行之有效的办法。比如，在现有医院中设立老年科、老年病房；开设专门面向老年人的疾病治疗和护理窗口；在养老院中增设医疗机构或者医务室，配备专业医护人员和设施，让养老院增加医疗康复护理的功能，让老年人在养老的同时享受到 24 小时的疾病照护等。此外，还可以实行医养协作，即养老机构就近和医疗机构签订协议，明确双方的职责，互相开放资源，让养老院的老年人便捷地享受对口医疗机构的治疗，也让老年病人享受养老院的照料服务，并根据老年人身心状态的变化及时调整场所，这样既不造成资源浪费，也能让老年人和家人放心满意。另外，随着医养结合的深入推进，医养结合已不再局限于养老院和医院，一些社区也在依托社区医院或卫生所提供医养结合服务。目前，医养结合已经探索出多种实现路径，每种路径都是根据当地政策和机构的现状设置的，也都有其优缺点，老年人可以根据家庭和自身情况选择最适合自己的医养结合方式。

从总体上看，医养结合是一种能更好地满足老年人需求的行之有效的养老方式。但是，由于我国推行医养结合的时间还不长，完善的医养结合服务体系还有需要继续优化之处，比如，费用过高，老年人无力承受，许多在养老机构花费的看病费用无法通过医保报销；养老机构缺乏资金支持，没有能力引进专业的医护人员和设备；支撑医养结合的人员队伍建设不全，服务水平较低；等等。可喜的是，这些问题正在国家和社会的共同努力下逐步缓解，相信随着时间的推移，我们国家的医养结合体系会越来越完善，能够为更多老年人提供舒心的养老场所。

二、全生命周期

随着年龄的增长，人会经历婴幼儿期、儿童期、青少年期、青年期、中年期和老年期这些不同的阶段，全生命周期指的就是"从摇篮到坟墓"的一整个生命过程。后来，生命周期概念被广泛运用到社会、商业、技术等各个领域，例如一个商品也被赋予生命周期。在健康领域，全生命周期有其特定内涵。针对生命历程中的具体时期采取更有针对性的健康管理措施，就是全生命周期概念下的健康管理。全生命周期是促进"健康中国"的战略思想。全生命周期视角，是健康管理领域更系统、主动、细化、科学的健康理念，它能够帮助人们根据年龄阶段准确识别和判断健康管理的重点，为当下和未来的生活构筑更坚实的健康基石。

在过去的认知中，维护健康就是把病治好，过去人们在身体感受到疾病带来的痛苦时才寻求治疗。随着健康知识的普及，人们开始认识到，大部分疾病都是在一段较长的时间内，由各方面因素叠加堆积导致的。在疾病困扰到生活之前，不健康的隐患早已埋下，疾病只是集中暴发的结果。如果在疾病暴发之前，能够认识到危害健康的因素，排除健康隐患，可能将疾病消灭在萌芽状态。把后期治病的时间、精力、金钱等用于前期的保健，这样既能让自己的身体少受损伤，也能少占用医疗资源，对个人和全社会都是好事。

对于处于不同时期的人群来说，影响健康的主要因素是有差异的，不同年龄段人群对健康进行管理和干预时也应该有不同的侧重。我们说生命是从婴幼儿期开始的，其实还可以继续往前追溯到胚胎期。实际上，全生命周期也包含了胚胎期，目前对孕产妇的健康干预就直接影响胚胎的健康，比如医生提倡孕妇在孕期补充叶酸，减少胚胎神经管发育缺陷；给产妇建档，提醒孕妇定期参加孕检，减少畸形儿出生率等，这都体现了全生命周期的健康管理理念。到婴幼儿期，要重点关注科学喂养，帮助婴幼儿建立安全感，尤其要关注环境的安全。到青少年期，要防范肥胖、近视等常见问题，建立科学的生活方式。青年是一个人精力最旺盛的阶段，但很多青年人不注重保养身体，长期熬夜、饮食不健康，健康问题可能暂时没有暴露，但是为以后埋下了隐患。到中年期，成为家庭顶梁柱，工作压力大、应酬多，很可能忽略了运动，让身体处于亚健康状态。在老年期，身体机能出现自然衰退，慢性病可能找上门来。以上这些，都是不同生命周期中可能出现的典型问题。如果持有全生命周期的理念，就能防患于未然，在各个时期摸清健康管理重点，将健康问题消灭在萌芽状态。

全生命周期具有十分丰富的内涵，它让我们思考问题时注重整体性、关联性、结构性、动态性。我们进行全生命周期的健康管理，是从整体出发的，意味着生命周期的各个阶段，都是整体的一部分，有一定的顺序和规律，每一个阶段都是上一个阶段的终点，也是下一个阶段的起点。我们对健康的管理，没必要等到疾病暴发后的治疗阶段才进行，而应该让关口前移，在没生病时注重健康膳食和适当运动，提高身体免疫力和各项身体机能，在意识到可能危害健康的因素时及时干预，定期参加体检，重视身体发出的健康警报，在疾病刚刚露头时就及早治疗，在治疗结束后定期回访，巩固治疗效果。全生命周期着眼于生命的各个年龄段，着眼于健康生活方式的各个方面，着眼于疾病治疗和预防的各个阶段，其根本目的都是以人为本，促进全民健康。

要实现全生命周期的健康管理，仅靠个人理念和意识的提升是远远不够的，还需要医疗卫生服务体系、城乡设施、健康产业等多方面共同提升。医疗服务体系，应当适应健康理念的推进，不仅要负责治病，还要把重点放在前端，为全民提供疾病预防知识。城乡环境方面，在做规划时就应考虑到健康促进设施，要为全民提供锻炼场地和器材，方便人们便捷地参加体育运动。健康产业方面，应积极推进互联网技术的融入，开发智慧穿戴设备，生产更多科学便捷的健身器材，精准贴合不同年龄阶段人群的需要，让更多的人能够找到适宜的锻

炼方式。只有动员全社会的力量，才能让全生命周期的
理念贯彻和实施下去，才能最终实现健康中国、提升全
民健康水平的总体目标。

三、健康素养

如果一个人知道如何判断和学习正确的健康知识，并且能够学以致用，用这些知识来维护自己和家人的健康，我们就说这个人有较高的健康素养。反之，如果一个人无法维持或恢复自己的健康状态，总是迷信"土办法"，还不肯听医生劝告，或者知道了正确的健康知识也不将其运用在生活中，那么我们就说这个人健康素养不足，需要继续提升。健康素养不仅反映了个人的健康知识储备和健康行为能力，还从侧面反映了一个国家或地区的人民卫生事业发展状况。在我们国家，提升公民健康素养一直是国家卫生健康部门的重要工作内容。面向公众普及科学、全面的健康知识，倡导健康的生活方式，是提升全民健康水平的重要方面。

公民健康素养包括了三方面内容：基本知识和理

念、健康生活方式与行为、基本技能。基本知识和理念是最为基础的方面，如果一个人连最基本的健康知识都没有，就很难保证其能够采取正确措施维护自身健康。对于老年朋友来说，维持健康尤其重要，他们往往有很强的意识和动力想要获得一个健康的身体，但由于在年轻时未接触过充分的健康教育，很可能只是简单地延续"土办法"，或在某些健康知识上存在误解，造成自己或家人的困扰。新闻曾报道过许多这样的案例：一些不良商家为了牟利，专门向老年人兜售保健品，那些保健品起到的效果很可能微乎其微，有的甚至没有正规的生产批号，但被他们的广告吹得天花乱坠，要么包治百病，要么十全大补。不良商家利用老年人健康知识不足的劣势和迫切想要保持健康的心理，诱惑老年人花大价钱购买这些无用商品，造成老年人财产损失。

由于健康素养不足，一些老年人还容易在养育孩子方面跟子女产生分歧，往往引发家庭矛盾，甚至酿成不良后果。有一个案例：初冬时节，一位幼儿园老师发现班上一个小朋友行动笨拙，总是喊热喊难受，就上去帮他检查，掀开衣角一看，发现孩子身上竟然套了七层衣服，最里面的衬裤已经被汗水打湿了，后来才知道，是孩子的奶奶怕孩子冷，执意让孩子穿这么多层衣服上学。实际上，孩子体温比大人高，加上活动量大，并不适宜多穿衣服，否则容易因为出汗而着凉。这位奶奶好心办坏事，实在令人啼笑皆非。上述例子只是冰山一角，还有老年人在孩子生病发烧、小磕小碰时，不咨询医生，擅自用一些"土办法"给孩子治病，不仅起不到作用，可能还会延误病程，甚至诱发更严重的后果，令人痛心。在互联网信息时代，老年人最容易为年轻人所诟病的行为，可能就是在朋友圈或者家庭群中转发未经证实的养生消息，内容常涉及食物相克、致癌防癌食物等，有些内容抓人眼球、耸人听闻。其实，这些口气笃定、看似不容置疑的内容，往往是无法加以证实的。要知道，没有一劳永逸的维持健康的方法，任何时候，均衡膳食、合理运动、良好睡眠、愉悦心情、保持良好的社会关系，都是维护健康的基本条件。只有提高健康素养，具备甄别信息的能力，才能为维护健康打下良好基础。

那么，公民个人该怎样提高健康素养，国家相关部门又为公民健康素养的提升做了哪些工作？其实，留意生活中的细节，就能发现可信赖的健康知识就在身边。电视台有养生节目，节目会邀请专科医生或营养学家，向观众普及相关知识；社区有宣传栏，向居民科普良好的生活方式和卫生习惯，有时还可能邀请专家进社区做健康宣讲；医院会针对特定疾病介绍病因、预防手段、康复要点等，这些都是在对公众进行健康教育，通过各种途径宣传健康知识。随着网络的发展，一些医生会在微博、公众号等社交媒体上开设个人专栏，帮助公众树立健康的卫生观念，您只要在网络上关注他们，就可以随时随地获取健康知识，有时甚至可以通过私人问诊获得更有针对性的解答。但是，来源网络的健康知识需要您多加留意，在无法判断健康信息真实性的时候，应该多方求证。只有具备正规资质的医生或机构开设的网络专栏，才是值得信任的信息来源。总之，提升公民健康素养利国利民，可使个人终身受益，也能使国家的卫生事业得到长足进步，这需要个人的知行合一，也需要各方的共同努力。

四、抑郁症

抑郁症表现为长时间的焦虑烦躁、情绪低落、心情压抑，对任何事情的兴趣都在减退，感到做什么都没有意思。抑郁症是一种常见的心理疾病，在各个年龄阶段都有可能发生。应当注意的是，表面上看抑郁症的症状与一般的心情不好有相似之处，而且当事人常常是在遭受某些对生活产生很大负面影响的事件之后，才感到压力重重、难以排解。有人可能认为，人都有七情六欲，有时开心、兴奋，有时难过、烦躁，这些情绪波动都是正常的，不必放在心上。实际上，抑郁症与正常的情绪变化有明显的差异，最突出的表现就是抑郁症表现出的负面情绪持续的时间较长，会由心情不佳发展至身体异样，导致睡眠和行动困难，进而影响认知功能，久而久之，变得对任何事情都提不起兴趣，感受不到生活的美好，只想躺在床上，与外界隔绝，不断消耗自己的心理能量。有些重度抑郁症患者，还可能做出伤害自己的行为，甚至尝试自杀，给自己和家人带来无法弥补的伤痛。

那么如何判断自己究竟是一时心情不好，还是真的患上了抑郁症？由美籍华裔心理学教授威廉·宗（William W.K. Zung）开发出的一套心理学量表——抑郁自评量表（SDS），是美国教育卫生福利部推荐的自测量表，也被我国的心理学家、精神医学家广泛应用于抑郁症的初步筛查。这套量表使用简便，使用者无须接受专门的训练，通过回答 20 道问题就能对抑郁症状进行初步自测。这 20 道问题反映了不同的主观感受，回答者可以根据自身感受选择"偶尔""有时""经常""总是"四个选项，每个选项对应了一个评分，记录下每道题的选项得分，最后加总即可。回答者可以自己勾选，也可以由别人发问，回答者作答。

抑郁自评量表

	偶尔	有时	经常	总是
1. 我觉得闷闷不乐，情绪低沉	1	2	3	4
2. 我觉得一天之中早晨最好	4	3	2	1
3. 我一阵阵哭出来或想哭	1	2	3	4
4. 我晚上睡眠不好	1	2	3	4
5. 我吃得跟平常一样多	4	3	2	1
6. 我与异性亲密接触时和以往一样感到愉快	4	3	2	1
7. 我发觉我的体重在下降	1	2	3	4
8. 我有便秘的苦恼	1	2	3	4
9. 我心跳比平时快	1	2	3	4
10. 我无缘无故地感到疲乏	1	2	3	4
11. 我的头脑跟平常一样清楚	4	3	2	1
12. 我觉得经常做的事情并不困难	4	3	2	1
13. 我觉得不安而平静不下来	1	2	3	4
14. 我对将来抱有希望	4	3	2	1
15. 我比平常容易生气激动	1	2	3	4
16. 我觉得做出决定是容易的	4	3	2	1

（续表）

	偶尔	有时	经常	总是
17. 我觉得自己是个有用的人，有人需要我	4	3	2	1
18. 我的生活过得很有意思	4	3	2	1
19. 我认为如果我死了别人会生活得更好些	1	2	3	4
20. 平常感兴趣的事仍然让我感兴趣	4	3	2	1

回答完之后，将每道题的选项得分相加，就能得出总分。如果总分在 50 分以上，您就要关注自己的心理状况了，53—62 分为轻度抑郁症状，63—72 分为中度抑郁症状，73 分及以上为重度抑郁症状。如果您量表得分不高，很可能不是抑郁症，只是简单的情绪问题，可以自己采取一些排解情绪的措施，看负面情绪能否得到缓解。当然，上述量表只是一个简单的判断方法，并不能作为唯一、准确的判定依据。如果认为自己存在难以缓解的抑郁症状，建议您去医院的专科诊室，一般是心理科或精神科，进行专业诊断，寻求专业医生的帮助。

即使您的自测结果是存在抑郁，也无须过度担忧，更不必自责。抑郁症的发病原因比较复杂，科学界也尚未有定论，有生物遗传、神经内分泌、个人性格、生活事件等因素，往往是自己难以控制的。出现抑郁症状，并不意味着"世界末日"，人们已经探索出很多方法，能够帮助抑郁症患者缓解负面情绪，逐渐驱散心理阴霾。首先，应当正视抑郁症，认识到抑郁症是一种心理疾病，虽然看不见、摸不着，但也同样需要干预、治疗，而且经过有意识的调节，心理健康也会像伤口愈合一样，恢复如常。有些人认为抑郁症是"矫情""自己想得多"，这是一个非常大的误区。我们想象一下，如果身体受到外伤，比如胳膊被划破出血了，我们的第一反应是赶紧止血，把伤口包扎起来。抑郁症作为一种看不见的"内伤"，实际上是心灵受伤了，我们对待它的方式也应该跟身体损伤一样。当意识到自己长期情绪低落、焦虑、担忧时，就应该采取心灵急救措施，包扎心灵的伤口，让它快快回到健康的状态。

对抗抑郁情绪的方法有很多，人们普遍认为有效的有以下几种：锻炼身体，如跑步、散步、游泳、打球等，体育运动能够刺激脑内多巴胺这一"快乐递质"的分泌，让人感到心情愉悦；进行户外活动，多逛逛风景优美的公园、绿地、林地，在鸟语花香中感受大自然的美好，让自然环境疗愈身心；增加与外界的交流，多与人交谈，通过建立与他人的社会关系，获得社会支持；多多倾诉，可以向信任的亲友倾诉，也可以自己写日记，通过诉诸笔端来给负面情绪一个出口；参加简单的志愿活动，帮助他人，在奉献中感受自己的价值。当然，如果您有自己的爱好，比如唱歌、弹琴、书法、下棋等，不妨重拾爱好，让爱好成为拯救心灵的窗口。如果上述方法都不适用，抑郁情绪还是给您的生活造成困扰，那就要寻求专业人士的帮助了。对于重度抑郁症患者来说，接受恰当的治疗是必需的，一些药物可以有效缓解症状，延缓病程发展，以免患者做出伤害自己的行为。

随着现代社会生活节奏的加快，大城市之中人与人之间的交往变得冷漠、疏离，抑郁症患者的数量有增加的趋势。越来越多的媒体在关注和报道抑郁症和抑郁症人群，尤其是其中的少年儿童和老年人。老年群体，尤其是罹患疾病、半失能或失能、长期卧床等行动受到限制的老年人，由于身体难受、社交受限，更容易引发抑郁症。由于老年期的特殊性，老年人的抑郁症比较容易被自己和家人忽略。老年人即使不爱说话、不爱出门，或者情绪低落，对任何事情都提不起兴趣，往往也得不到家里人的重视，反而被认为是老年人自己忧思多虑。"别想那么多不就好了？"这是大多数子女在缺乏抑郁症常识时经常对老年人说的话，但其实这不仅起不到帮助效果，还会让老年人感到不被理解、孤立无援，结果就是加重老年人的抑郁情绪，把老年人推到更加低落的状态中。应当认识到，老年人的一些负面情绪表达，其实是在向外界发出求救信号。当把心情不佳的话语说出口时，老年人的内心很可能已经千疮百孔，非常需要家人的理解和关爱，这时候家人应当给予支持，必要时需要专业人士的介入，或者辅以药物治疗。早一天意识到问题，早一天采取有效措施，就能早一天让老年人感受到生活的美好。否则，有些人可能因为饱受抑郁症困扰、不堪重负而结束自己的生命，给家人带来无尽自责和伤痛，令人唏嘘。我们希望，全社会都认识到抑郁症的表现和干预方法，及早给予亲人、朋友需要的关爱，让他们感受到生活的美好、生命的意义。

五、旅居养老

旅居养老就是指将慢节奏的旅游融入养老过程，在游山玩水中获得轻松愉悦的、高质量的晚年生活。一些气候适宜的地区，如云南、海南等地，已形成了规模化的旅居养老产业，旅居养老已成为一种受到越来越多老年人欢迎的新型养老模式。在旅居养老的过程中，老年人可以根据自己的身体状况、需求和喜好，在一年四季中选择自己心仪的旅居目的地慢游细品，自由选择停留时间的长短，在"旅游慢生活"中品味晚年美好。

相比传统的养老方式，旅居养老既更好地贴合了老年朋友的需要，又显得更加"时髦"，是更积极地度过晚年生活的方式。一般来说，我们对养老的印象就是老年人待在家里或者养老院里，在附近活动活动，小心翼翼地照顾自己的身体，盼着儿女常回来看看，在过年过节的时候一起吃吃喝喝。而旅居养老不同，它鼓励老年人"走出去"，离开家所在的城市甚至省份，选择一个气候宜人、风景秀丽的目的地，住上一段时间，一边旅游，一边养老。与传统的养老方式相比，旅居养老既能让老年人愉悦身心，又能让老年人在旅途中广结朋友，扩大社会交往面。既能养生，又开阔了视野，可谓一举多得。

我们常听年轻人说"世界那么大，我想去看看"，实际上，不只是年轻人，老年人出去看看的需求也很强烈。老年人在年轻的时候，为社会和家庭付出了很多，可能因为客观条件的限制，没有办法多出去走走看看，到了时间更加自由的老年，他们有权利活出自我，到更广阔的天地中品味人生精彩。现在很多旅行团认识到老年人的旅游需求，推出了针对老年朋友的旅游路线。但是，常规的旅游路线为了让客人感到物超所值，设计的景点较多，行程往往非常紧张，只能让人走马观花地看看风景。有戏言称，跟团旅游是"上车睡觉，下车拍照"，老年人没有办法好好地欣赏沿途风景，反而会感到旅途劳顿。很多老年人认为，能在一个风景宜人的地方待上一段时间，好好感受当地的风土人情，那才是让人舒服和享受的旅游节奏。后来，一些旅行社发现了老年人的这一需求，设计了时间更长、节奏更慢的旅游方式，有的还允许老年人按照自己的喜好定制时长和路线，慢慢地旅居养老这样一种养老方式就形成了。旅居养老的"旅居"，与单纯的旅游有所不同，主要体现在时长方面。一般的旅游时长三五天，最长不超过半个月，但旅居的时间就比这长得多了，可以是一个月、两个月甚至半年、一年，停留时间的长与短，都是可以选择的。

您可能会认为，旅居养老好是好，但长期在外吃穿住行，生活用度肯定不少，不是一般老年人能承受得起的。其实，这是一种理解上的误区。旅居养老之所以这么受欢迎，就是因为它灵活度高，丰俭由人，可以按照老年人的心意自行安排。如果经济条件允许，可以选择现成的旅居养老产品，就是联系一些经营此业务的旅行社，按照他们的设计直接选择或者定制。这样一来，他们会把吃、住、行、玩等服务都安排妥帖，老年人不用花费太多心思，只需要享受旅游带来的轻松愉悦即可。如果您想节省一些费用，完全可以自行设计路线，自己选择符合需求的目的地、交通方式、住宿和饮食方式。比如，您选定目的地之后，可以在网上联系好租房事宜，如果想自己做饭，可以选择有厨房、炊具的房屋进行短租。相比一线城市，一些风景秀丽地区的小城市、城镇，甚至县城、乡村，生活成本都不高，而且基础公共服务和生活设施也很便利，可以满足您低成本旅居养老的需求。可以跟老伴同去，也可以约上二三好友一起前往，这样既增加了乐趣，相互之间也能有个照应，共同分享旅居养老的惬意。还有一些老年人，认为某地非常适合养老，干脆就在当地购买一处房产，在合适的季节迁居到"新家"，这也是旅居养老的一种形式。不少地方专门开发了针对养老需求的房产项目，配套有休闲旅游资源和医疗资源，充分满足老年人的多样化需求。

需要注意的是，旅居养老虽有千般好，也应该根据老年人的身体和经济状况来做出理性选择。不管是旅游还是旅居，都要量力而行，尽量不要选择交通不便、对身体技能要求较高的地区和旅游景点。对老年人而言，健康和安全永远是第一位的，如果因为跋山涉水而损伤了身体，那就得不偿失了，也让旅居养老失去了原有的意义。旅居养老，就是在老年时期"生活在别处"，在安全舒心的前提下自由自在地领略大好河山，享受晚年生活。

六、互联网智慧养老

　　随着信息技术的高速发展，人们的生活越来越便利化和智能化，"互联网"成为人们越来越常听到的名词。在养老领域，互联网也能发挥重要的推进作用，让晚年生活更加安全、便捷、舒适，让养老资源的供给和分配更加合理。当互联网技术融入养老事业的时候，"互联网智慧养老"就应运而生了。互联网智慧养老，是以互联网为基础搭建的一整套智能化、个性化的养老体系，能够将养老资源、医疗资源等通过互联网融合，并精准匹配给老年人，让高新技术服务于养老产业，让老年人的生活更加安全、舒心。

　　互联网智慧养老，其背后蕴藏了复杂精密的联络系统，既有看不见的网络架构，也有一整套真实的养老产业在提供支撑。可以说，互联网智慧养老是一个"没有围墙的养老院"。它能将每一位使用智慧养老系统的老年人与不同的养老资源链接在一起，让家人能够随时随地获悉老年人的健康状况，也让不同机构提供的养老资源得到高效整合。对于我们普通人来说，不必了解其内部的构造，只需要了解如何将自己纳入智慧养老系统，并且知道它能在哪些方面帮助我们即可。

简单来说，互联网智慧养老包含了两个部分，一是智能养老终端，二是智慧养老服务平台。智能养老终端就是供老年人使用的、可以联网的智能设备，有的是可以穿戴的小型设备，如智能手表、智能眼镜等；有的是较大的设备，如智能床垫，可以随时随地监测血压、心率等健康指标；有的是像电话、平板电脑一样的设备，上面有屏幕和各种按键，老年人可以使用这些终端呼叫养老服务，如送餐、送药、上门保洁等。有的地区不用专门配备智能终端，可以直接通过手机 App、热线电话等接入智慧养老系统。而小小的智能养老终端之所以能够发挥大作用，就是因为智慧养老服务平台在起作用。智慧养老服务平台一般是由政府部门、机构、产业共同搭建的，当地智能养老服务发展水平不同，平台能够提供的功能也不同。通过智能终端，老年人可以向平台发出指令，平台会根据周边资源的分布情况，快速响应老年人的需求，让养老更加方便、快捷、高效，也能为老年人提供更多个性化的服务。

让我们来看看互联网智慧养老能够发挥重要作用的几种场景。首先，在日常生活中，智慧养老能够让老年人的生活更加轻松便捷。老年人年事已高，扫地拖地、整理房间这些家务事做起来总显得力不从心，但又不忍心让工作繁忙的子女帮忙，这时候他们就可以通过智慧养老系统呼叫保洁服务，告知保洁上门的时间、地址、具体工作等。智慧养老服务平台接到老年人的需求后，很快匹配到附近的保洁公司，安排人员按需提供上门服务。不仅是保洁，提醒老年人按时吃药、上门送餐、心理咨询等服务都是智慧养老系统可以做到的。如果养老院纳入了智慧养老系统，那么老年人的健康信息就会被纳入管理系统，智慧养老系统可以对老年人的日常生活进行科学安排，还能让老年人家属、护工等及时掌握老年人的健康状况和需求，让老年人住在养老院也能享受到便捷和舒心的体验。

互联网智慧养老不仅能为晚年生活锦上添花，关键时刻还能雪中送炭，甚至还能在危急时刻起到救命作用。我们刚才提到的智能终端，就能实时监测老年人的健康指标，如果老年人心率过快或过慢，出现了急病征兆，不用老年人发出指令，智能终端就会发出警报声，提醒老年人注意，同时将警报发送给老年人的家人，危急时刻甚至可以直接接通医疗机构，以便马上安排急救。对于独居老年人而言，他们缺乏随时随地的社会联系，而这种智能养老系统弥补了这一漏洞，显得尤为重要。

有人可能会发出疑问：互联网智慧养老如此高科技、智能化，是不是有一定经济条件的老年人才享受得起？其实不然。养老不仅是老年人自身或某个家庭的事，还是国家和社会的大事。随着我国老龄化程度的加深，养老事业在面临越来越大的挑战的同时，也在逐步向前迈进，积极运用最先进的科技。提高老年人的生活幸福感，是社会的责任，也是政府努力的方向。关于互联网智慧养老，政府已经投入了许多资源，有的地区通过政府购买服务的方式推广互联网智慧养老模式，就是说由政府出钱，老年人享受服务。现在的智能养老设备已经充分考虑到了老年人的特点，设计简约，使用简单，有的只需一键呼叫即可。老年人不必承担设备的成本，只需要以接纳和开放的心态，积极学习智能设备的使用方法，让科技服务于自己的生活。

第四章

智能手机实用指南

在互联网深度发展的时代，我们的生活正在被手机和网络改变着。毫不夸张地说，智能手机功能日益强大，已经给人们的生活带来革命式的变化。人们惊异于手机这样一个巴掌大的东西，竟然无所不能。然而手机日益繁复的功能，也让老年群体感到难以掌控。在这一部分，我们就结合实例向大家介绍手机上常用和实用的功能，例如二维码、小程序、朋友圈等，还介绍了处理手机故障的简单方案。掌握这些手机操作方法，并不需要勤学苦练，只需要您持有积极、开放的心态，耐心地跟着操作步骤来，并且在日常生活积极使用这些功能，让手机变成服务我们生活的忠实伙伴。熟练使用手机并不难，只要您学会了，就能让您在后辈面前成为时代的"弄潮儿"，也能让您在同龄人中成为"身怀绝技"的手机专家。

一、二维码

四四方方的二维码也叫 QR code，它和超市商品上都有的条形码一样，是用来储存信息的条码，每个二维码都是独一无二的。账户、网页、小程序等，都可以生成专属的二维码，用手机扫一扫二维码，就可以准确找到这些账户、网页、小程序，十分方便快捷。

我们可以将二维码理解为一个信封，扫描二维码的过程就像打开信封一样。当然，这个信封能装的内容非常多，可以是文字、图片，也可以是音乐、电影，甚至可以是收银台、产品介绍、商店、会议室、医院，等等。总之，二维码包含的信息和功能很丰富，扫描二维码之后，我们就可以通过手机体验二维码承载的功能了。

日常生活中，我们最常用到二维码的情况有两种，一是购物付款，二是根据新冠肺炎疫情防控规定，在进入特定场所之前扫描健康码。购物付款时，可以扫描商家提供的收款二维码，输入相应的消费金额，也可以向商家展示自己的二维码，商家输入购物金额，从您的电子钱包中扣出。无论是购物付款，还是疫情防控扫码，在扫码之前都要先注意，是用微信扫描，还是用支付宝扫描。一般来说，二维码旁边会有提示，告知您使用哪个App扫码，根据提示用相应的软件扫描就可以了，否则会扫不出来。如果需要用支付宝扫码，在手机上点开支付宝后，再点左上角的"扫一扫"就可以扫码了。如果需要用微信扫码，则是先打开微信，点右上角的小加号，再点"扫一扫"。

在疫情防控期间，二维码起到的作用更大，它能够记录每个人的行程，从而判断人们的行动轨迹是否安全，然后通过绿码、黄码和红码三种情况来表示。这也是为什么在公共场所的出入口，工作人员总是要求大家扫描二维码，显示绿码后才能进入。除了排查隐患，二维码还能够精准记录行动轨迹。二维码背后是一个动态的网络信息系统，人们进出某个场所，如超市，扫了超市入口处的码，手机就会将这个扫码记录上传到网络上。如果出现确诊病例，那么二维码记录就是进行流调的关键根据，只需要调出二维码记录，就能知道每个人的行程，然后向"密接"人群精准发送提示信息。总之，二维码在疫情防控中起到了无可替代的重要作用。

当然，二维码的应用并不局限于上述两种情况。二维码能够减少商家和相关机构的宣传成本，也让用户更加便捷地获取、存储信息。现在二维码在各行各业都有广泛应用，如果您仔细观察，会发现电影票、火车票、商场的传单上都有二维码，扫描这些二维码，就可以获取相应信息了。在看电视的时候，有些电视台也会在屏幕角落放上二维码，告知观众：如果想要获知更多电视节目信息，可以扫描二维码。有一些二维码是通用的，但也有特定的二维码，需要使用指定的 App 才能扫出，这时就要注意查看提示了，一般需要先下载指定的 App。

二维码虽然让生活更加便捷，但切记不能盲目扫码，也不要轻易将包含个人信息的二维码展示、发送给他人。对于正规渠道（如报纸、电视台、大型商超等）发布的二维码，大家可以根据需求放心扫码。但遇到来源不明的二维码，尤其是一些垃圾网站显示的二维码，切勿轻易扫码，不然可能会下载到垃圾软件，感染手机病毒，或者被不法分子盗取手机里的个人信息，甚至造成财产损失。建议在确认二维码发布来源、用途等信息之后，再用手机进行扫码。对于自己的付款二维码，尤其要谨慎，尽量随用随开，不要图方便将付款二维码存成图片，否则极易造成财产损失。

二、搜索微信中的文字和图片

微信是现在必不可少的社交工具。我们添加亲友为微信好友后，就可以随时随地向他们发送文字和照片，大大方便了交流。但是，每天发送和接收的来自四面八方的信息，常常会堆积在微信中。当我们想要查找之前的某条信息时，往往会发现它已经淹没在茫茫的信息大海中，怎样才能快速找到它呢？

其实，微信提供了非常便捷的文字搜索功能，只要我们能回想起所需信息的关键词，就能通过简单的字词查找、定位之前发送或接收过的消息。操作方法如下：我们首先打开微信，主界面会正常显示我们与其他人的聊天窗口，在聊天窗口的上方，也就是第115页左图中粗线处，有一个显示"搜索"字样的框，可以在框中输入所需信息的关键词。如，两个月前曾向某人发送过自己的银行账号，但是记不清是向谁发的了，而且两个月以来发送的信息太多，无法翻找，这个时候，就可以使用微信自带的搜索功能。在搜索框中输入"银行账号"四个字，所有包含"银行账号"四个字的微信信息都会被筛选出来，这就大大减小了信息搜索范围，非常方便查找，直接点开相应的聊天记录，对应的信息就自动显示出来了。

如果根据输入搜索框的关键词没有找到想要的信息，有可能是因为关键词不准确，可以尝试着变换一下说法，或者减少关键词的字数，重新搜索。如上述例子中，如果凭借"银行账号"没有找到相应信息，尝试输入"银行""账号"或者"卡号"，多试几次，总能找到想要的信息。但是，如果您已经删除了与某个人的聊天记录，那么您与这个人的聊天记录中的信息是无法被搜索到的。

除了文字，我们还可以搜索图片。但是搜索图片与搜索文字的方法不一样。搜索文字的时候，我们可以直接通过微信主界面搜索框来搜索，这样与任何一个人的对话都是搜索对象，搜索范围非常大。要找图片的话，就不能直接搜索了，要先知道需要的图片是在跟哪个人的聊天中发送的，然后打开与那个人的聊天记录，在小范围内查找。如，您前几天去公园玩的时候，拍摄了很多风景照片，都发送给了老李。几天后，您想起其中一张照片特别有趣，想找出来再欣赏一下，这时候的操作步骤是：先打开与老李的聊天界面，然后点开对话中的任意一张图片，如左图所示，这时候在图片的右下角，会出现一些小标志，点击左图圆圈中的标志，就会出现右图所示的画面，这里显示的是您与老李聊天时发送和接收的所有图片和视频。这些图片按照时间顺序排列了，这时候再找您想看的那张图片，就容易多了，不用在聊天记录中不停向上翻，只需要在小范围内查找。如果您想保存某张图片，点开它，然后点左图方框中的保存标志，这张图片就会出现在您的手机相册中。

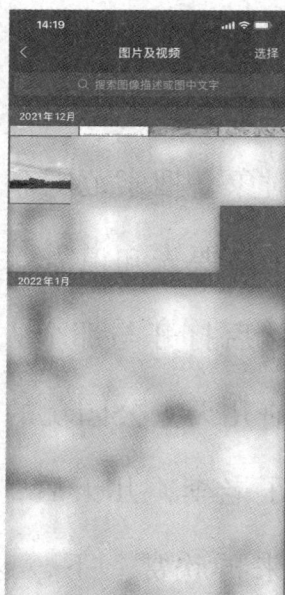

其实，与微信图片相关的操作还有很多，您可以试试在打开某张图片后长按约两三秒，会弹出好几个选项。这些选项包括：保存图片、编辑、定位到聊天位置（也就是跳转到图片发送那条消息中，回看发送图片时的聊天内容）。

如果您还是没有找到想要的图片，那可能是因为记错了聊天对象，可以换个人试试。如果确定记忆无误，但就是找不到了，那也许是因为当时发送或接收图片的聊天记录已经被您删除了，或并没有保存在这部手机中，这种情况下图片是不能被找回的。如果您确实想要那张图片，可以问问与您聊天的那个人是否还保存了图片。

三、微信小程序

微信小程序就是指不用专门下载 App 就能直接在微信里使用的程序，可以理解为藏在微信里的 App。微信的功能不限于聊天、发朋友圈，它就像一个大舞台，是其他手机软件大展身手的平台。微信是一个开放的平台，企业、政府、媒体、个人等，都可以注册小程序，面向公众提供相关服务。同一个组织或者个人，可以同时申请微信小程序和微信公众号，但二者功能不同。公众号主要的作用是向人们传递信息，而小程序主要的作用是让用户直接使用程序内部的功能。如一个商场如果同时有公众号和小程序，那么它的公众号的主要作用是宣传商品、做广告，而小程序可以让人们直接在手机上购物。

微信小程序是为了满足人们的需求而逐步开发出来的。我们都知道，现在智能手机功能非常强大，想要购物、听歌、看视频、发消息等，都可以通过专门的App，也就是专门的手机软件来实现。但是，长期使用下来，我们会发现手机上填满了各种用途的手机软件，不同软件还常有功能的重复，使手机和使用者都不堪重负。我们要花费更多的时间才能找到需要的软件，反而有损手机的便捷性。能否让人们只用一个 App，就能体验好多个 App 的功能？微信小程序就是为了满足这一需求而产生的。微信，现在几乎人人都离不开，将多个手机程序集中在微信上，能节省手机空间；微信中的个人信息直接共享给微信小程序，免去了注册、登录的时间，也不需要再设置多个密码。

下面我们通过几个例子，来说明如何使用微信小程序。首先要知道，不管使用哪个小程序，都要先在微信中把小程序找出来。我们先来看看生活软件"美团"在微信上的使用方法：首先打开微信，在主页面上方的搜索框中输入"美团"，输入完成之后，所有与美团相关的内容都会出现，如 121 页左图所示，有美团的公众号（以文字、图片的形式告知用户优惠信息、做广告等），有美团的小程序（购物、点外卖、订酒店等），有美团的视频号（用视频的形式宣传产品等）。还可以直接点击下面的服务项目，通过官方服务买电影票、打车、订民宿、订酒店等。我们现在想使用美团的小程序，那就点选图中间方框里那个图标。

如果您只想寻找与美团相关的小程序，那就直接点击输入框下方一行中的"小程序"，也就是第121页左图用圆形标注的位置，那么就会出现中图所示的内容，有美团外卖、美团团购、美团优选等，这些都是属于美团的不同小程序，不同的小程序有不同的经营内容，下方都有介绍，您按需点选、使用即可。

如果您认为自己会经常使用到这个小程序，想要将其保留下来，可以在进入小程序后，点击右上方像省略号一样的标志，也就是第121页右图右上角方框里的图标。这时候下方会出现一些选项，选择下面方框中的"添加到我的小程序"，就可以了。如果小程序使用结束，想要重新回到微信主页面，只需要点击右上方的圆圈，也就是右图上方圆圈里的图标，小程序就会自动

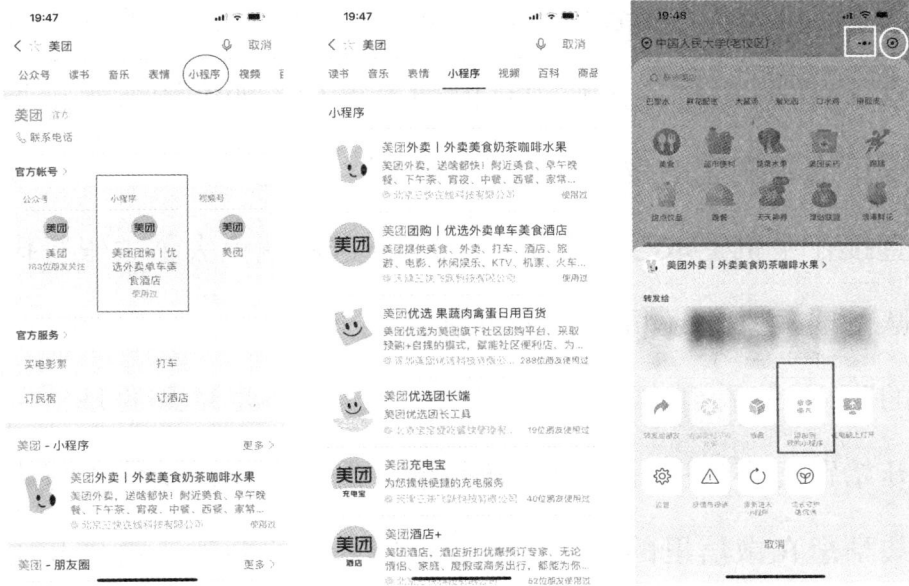

退出。

　　除了购物软件，一些与我们日常生活息息相关的机构也开通了微信小程序，方便人们在网上办理业务。我们以中国工商银行为例，看看怎么通过微信小程序办理银行业务。第一步还是一样，在微信主页面的搜索框中搜索"中国工商银行"，那么会出现第122左图中的内容，包含中国工商银行开通的公众号和小程序等。营业大厅、生活缴费是用户经常使用的内容，所以放在了前面，它们其实都属于小程序里的内容，相当于给人们开通的便捷通道。点击"营业大厅"或者中间的小程序"工行服务"（见左图方框），都可以进入工商银行的网上银行，如右图所示。小程序会根据您的位置，自动定位距离最近的银行，您可以直接在手机上取号（见右图方框），这样就免去了去银行排队的时间，您还可以按需办理其他业务。点击右下方"我的"，就能看到自己的银行账户信息了。要注意的是，一开始银行小程序并不知道您是谁，需要先允许微信小程序共享您在微信里的个人信息，一些业务的办理还要先开通网上银行，才能正常使用小程序里的功能。

随着网络便民服务的增加，小程序一直在不断加入更多的功能，现在一些城市已经开通了用小程序乘坐公共交通的功能。以北京市为例，如果您搜索"北京市政交通一卡通"的小程序，就能用小程序提供的二维码坐公交了。您可以参照上述两个例子，自己试着打开和使用这个小程序来方便自己的出行。在下面的内容中，我们还会专门介绍如何使用手机乘坐公共交通。

如果您想再次使用某个小程序，或者想要快速找到自己已经添加过的小程序，需要这样操作：在微信主页面，用手指从上往下慢慢划，像是要把主页面用手指往下拽一样，这时候就会在手机屏幕上出现一个新的页面。新页面中会出现您最近使用过的所有小程序，以及"我的小程序"，也就是您之前添加过的小程序，如第124页图片所示。如果还是找不到，可以在新页面上方的"搜索小程序"处进行搜索。

关于微信小程序，这里给您的建议是，如果您只是偶尔使用某个手机软件，或者手机内存太少，那么建议您使用微信小程序。如果您频繁使用某个软件，那么建议您还是下载专门的 App，因为 App 中的功能往往更全面丰富。总之，微信小程序是各种 App 的简易替代品，如何在手机上使用它们，要根据您的需求和使用习惯来定，最终目的都是最大限度地方便和丰富您的生活。

四、微信朋友圈

朋友圈是微信的一个功能，人们可以通过朋友圈看到微信好友分享的文字、照片、视频、网页等内容，也能够让微信好友随时随地看到自己分享的精彩生活。对于朋友圈中的内容，可以点赞和评论，表达自己对朋友圈内容的喜爱或其他想法。

熟练掌握微信朋友圈的查看和发布方法，可以让我们的生活更有趣。下面来逐一介绍朋友圈的常用功能。首先介绍如何找到和查看朋友圈：打开微信主界面，下方有四个图标，点击第三个"发现"，第一条就是"朋友圈"。点击它，就进入了朋友圈查看界面。在这里，通讯录中所有微信好友发布的朋友圈内容，都按照从新到旧的时间顺序排好了，往下滑动手机就可以"刷"朋友圈了。每一条朋友圈右下方都有一个像省略号一样的图标，点击它，就能给这条朋友圈点赞，或者发布评论。发布这条朋友圈的人和共同好友，可以看到您的点赞或评论。

如果您对某个人特别关心，只想单独看他的朋友圈，可以这样操作：打开微信主界面下方四个图标中的第二个"通讯录"，通过搜索框找到自己关心的人，然后点击该名好友。在页面中间，就出现了"朋友圈"，点击进入，这位朋友发布的所有朋友圈内容就会单独显示出来了。需要提醒的是，朋友圈记录了许多生活点滴，偶尔也会展示较为私人的生活片段，有些人只想让别人看到自己一部分的朋友圈内容，或只让一部分人看到自己的朋友圈，因此会设置朋友圈查看权限。如果是这样，即使我们单独打开他的朋友圈，也只能看到他愿意展示的那部分，如只能看到他三天内或一个月内发布的内容。

除了查看别人的朋友圈，我们还可以将有趣的内容发布在自己的朋友圈，与他人分享。打开朋友圈之后，在朋友圈界面的右上角会出现一个像照相机一样的标志（见第 128 页左图右上角的圆圈），点击它，在界面下方会出现"拍摄""从手机相册选择"的选项（见左图下部的方框）。如果您想分享的照片已经存在了手机相册中，点击"从手机相册选择"，然后挑选照片，选完后点右下角绿色的"完成"（见第128页中图）；如果您想分享眼前的风景或正在发生的事情，可以选择"拍摄"，这时候手机会自动打开照相机，在您拍照完成后，点击照片右下角的"完成"，就会进入朋友圈发布页面，如第128页右图所示。如果想一次性多分享一些，可以点击照片旁边的加号，继续拍摄照片，或者添加手机相册中的照片。微信最多允许人们一次性发布9张图片。选择好照片后，可以在照片上方输入文字，抒发自己的心情，或者向别人简单介绍照片的内容。示例中，我们编辑了"风景优美，心情舒畅"这几个字。编辑好之后，点击右上角的"发表"，就能把这条图文并茂的朋友圈发布出去了，您的微信好友都能通过朋友圈看到您发布的内容，并且点赞、评论。

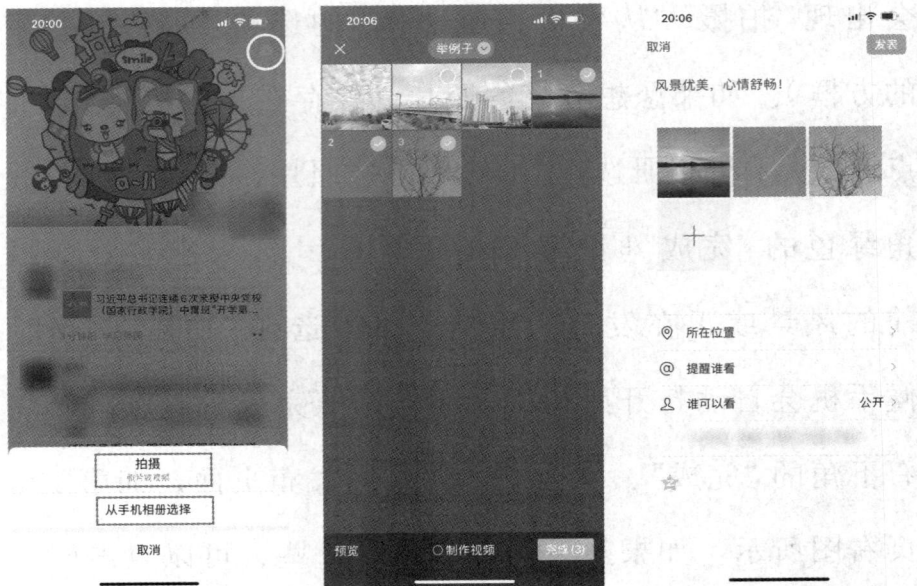

您也可以像刚才那样，把拍摄的视频或者手机中存储的视频发布到朋友圈。但是，视频一次只能发布一条，如果有几个视频想分享，就要一条一条地发。

如果您想发布一条纯文字的朋友圈，也是可以的。还是先在朋友圈界面中找到右上角的照相机标志，长按2秒。这个时候发表文字的界面会自动跳出，在编辑完文字之后，点击右上角的"发表"就可以了。

在发布朋友圈之后，人们总是很期待知道别人是否喜欢自己发布的内容，想看看谁点赞了、谁评论了。方法也很简单，如果有新的点赞或评论，主页"发现"那里会有新的消息提示，直接点击查看就可以了。

如今，朋友圈已经成为一个舞台，人人都能在上面展示自己生活的点滴。需要提醒大家的是，微信朋友圈虽能给生活带来很多乐趣，但对它的使用也要把握好度。看到别人朋友圈中潇洒的生活，尤其是天天游山玩水、春风沉醉，不必太过羡慕。生活是复杂的，家家都有本难念的经，但人人都只想把好的一面展示给大家，收获羡慕的目光，而对于生活中的狼狈和琐碎，则选择自己在人后默默消化。认识到这一点，就能以平常心看待别人的生活，尤其是展示在朋友圈中的生活。另外，很多人发布了朋友圈之后，迫不及待地刷新页面，看有多少人给自己的朋友圈点赞了，对于没有点赞的人，还会揣测他为什么没有关注和欣赏自己。其实，不必太过在意朋友圈的点赞数量，生活首先是过给自己的，然后才向别人分享。自己学会品味生活的点滴，才是最好的状态。

五、手机收付款

支付宝、微信以及各大银行都推出了手机收付款的服务，让人们的交易更加方便。商户和顾客也都体验到了手机收付款的便捷，移动支付得到了十分广泛的应用。使用手机收付款，可以免去出门携带和保存现金的麻烦，也节省掉了找零的时间，大大方便了人们的生活。支付宝和微信是最常用的手机收付款软件，现在我们就分别介绍如何用手机上的支付宝和微信收付款，学会了这个技能，就可以放心地享受无现金生活了。

无论是支付宝还是微信，都是功能强大的手机软件，要想启用其中的收付款功能，首先需要开通支付宝或微信里的电子账户，然后将电子账户与一个真实的银行账户进行绑定。建议您专门找一张不常用的银行卡，或者去银行开通一个新的账户，让支付宝或微信这类网络交易软件"专卡专用"，将手机收付款的绑定账户与您家重要的储蓄卡、工资卡等分开。在手机收付款的绑定账户内，只放上几百元或一两千元，当作日常购物的零用钱即可。这样做，可以避免您因为操作不当造成大额财产损失，在追求便利性的同时，也保障了资金的安全性。

　　先看如何在支付宝内绑定银行卡：打开支付宝，在右下角找到"我的"（见左图圆圈），点击"我的"，找到"银行卡"（见中图方框），点击进入，就能找到绑定银行卡的入口了（见右图方框），按照提示操作即可。

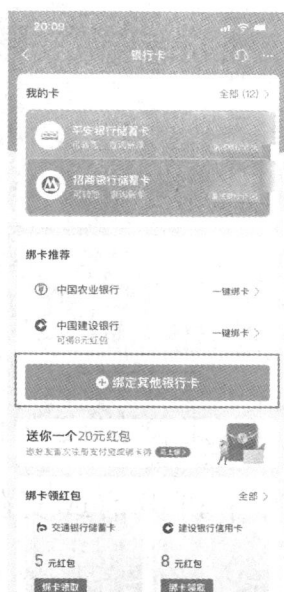

再来看如何在微信内绑定银行卡：打开微信，点击右下角的"我"，找到"支付"选项（见左图方框），在新页面点击"钱包"（见中图方框），在新页面中点击"银行卡"（右图方框），然后根据提示添加银行卡即可。在支付宝或微信上绑定好银行卡之后，就代表支付宝或微信上多了一个小钱包，再设置一下 6 位数的支付密码，就可以通过手机扫码来收付款了。

用微信或支付宝付款，通常比较简单，您直接打开手机微信或支付宝，用"扫一扫"功能扫描商家的收

款二维码即可，具体扫描方法可以参考本书有关"二维码"的介绍。扫描之后，输入您消费的金额，然后输入密码，就完成了一笔支付。

您也可以通过展示自己的二维码，让商家扫描您的付款码来完成付款。支付宝的收付款二维码在支付宝"扫一扫"的右边，打开之后如第 134 页左图所示；微信的收付款二维码在微信"扫一扫"的下面，打开之后如第 134 页右图所示。

如果您想通过微信或支付宝收款，也是可以的。在支付宝，打开刚才提到的"扫一扫"右边的"收付款"，在付款码下面找到"二维码收款"（见第 134 页左图方框），就能打开自己的收款码，别人扫描即可向您付款。微信也是类似的，打开微信"扫一扫"下面的"收付款"，然后点击二维码下面的"二维码收款"（见第 134 页右图方框），就能通过微信收钱。所有收到的款项，都会存到电子账户中，可以通过"账单"功能查看每一笔收付款的时间和金额。

六、使用手机乘坐公共交通

　　现在，许多城市都在提高公共服务的便捷性，更新公交和地铁等的票务查验系统，增设电子设备，允许市民仅凭手机就能乘车，大大方便了市民的出行。这一部分我们就来介绍如何使用手机乘坐公交和地铁。

　　一些城市的公共交通系统开发了专门的手机软件，通过该手机软件可以获取乘车二维码，这时候我们需要先下载指定的 App。以北京市为例，北京轨道交通系统开发了官方票务平台，手机 App 名称为"亿通行"。您可以先在手机上下载"亿通行"App（苹果手机可通过自带的 App Store 搜索下载；华为、小米等安卓手机可通过自带的应用市场搜索下载）。下载完成后打开，先通过手机号注册、开通服务（点击第 137 页左图方框中的"立即开通"），再根据提示绑定支付宝或银行卡作为您每次乘车后系统自动扣费的小钱包，完成后，就可以调用二维码了，页面如第137页中图所示。如果想要每次方便地找到二维码，点击主页面下方正中间的"乘车码"（见第137页中图圆圈），就会直接出现地铁的二维码。在进站时将此二维码对准闸机扫描口，机器发出"滴"的一声后，就刷卡成功了，闸机门会自动打开。在您出站时，以同样的方法打开这个二维码，在闸机扫描口扫描出站即可。除了地铁，亿通行还开通了公交乘车码，您点击上方的"公交"（中图方框），二维码就会变成公交的乘车码，在乘车时以相似的方式将此二维码对准公交刷码处，听到提示音后就刷卡成功了。公交下车时是否要再次刷卡，要看公交线路的具体要求，如果需要下车时再次刷卡，您再打开二维码刷码下车即可。

亿通行除了北京的公交和地铁，还开通了其他一些城市的服务。点击乘车码左上方的"北京"（见中图方框），还能看到大连、呼和浩特、上海等城市（见右图），这表示在这些城市，也可以用亿通行App乘坐公共交通。需要时，在App上切换城市，然后开通当地的乘车

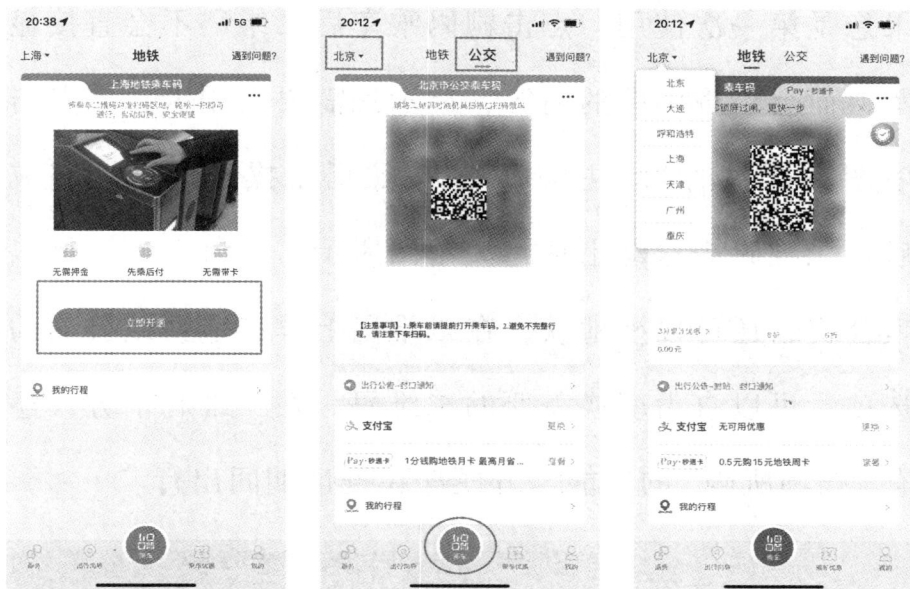

码，就可以使用了。

　　这里再介绍另外一种更便捷、应用城市更多的乘车方法，不用下载指定的 App，方便大家乘坐公共交通。支付宝连接了许多城市的政务服务，也纳入了不少城市的公共交通系统。可以说，支付宝相当于一个票夹，有了这个票夹，我们可以在全国许多大中城市畅行无阻。先来看如何在支付宝中找到乘车二维码：首先打开支付宝，在上方搜索框输入"北京地铁乘车"，就会出现第138页左图所示的内容，点击中间的"刷码乘车"。如果您是第一次使用，点击刷码乘车后二维码不会直接显示，而会出现中图的内容，提示您需要先领卡。您点击中图方框中的"前往领取"，按照提示操作即可。完成后，二维码会自动出现，如右图所示。支付宝不仅可以坐公交，还可以坐地铁，在二维码上方有地铁或公交的选项，可以自由变换需要的二维码。在二维码下方，还有"扫场所码"的功能，方便您在疫情期间出行。

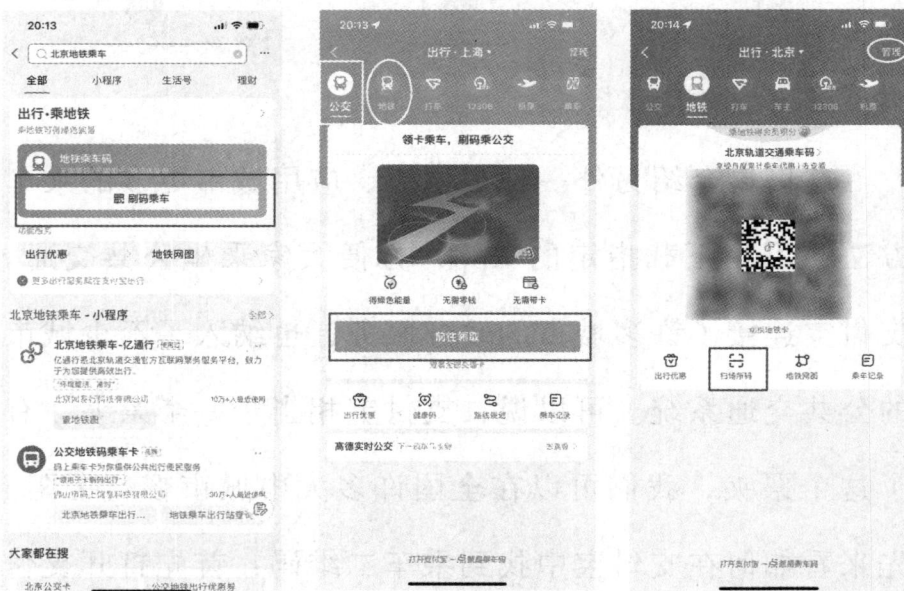

　　用支付宝上的二维码刷码乘车，省去了下载专门的 App 的麻烦。如果您在一个陌生城市旅游，想要乘

坐当地的公共交通，不妨先试试支付宝：打开支付宝，以"城市名+公交/地铁"为关键词搜索，如"杭州地铁""广州公交"，查看该城市是否开通了支付宝二维码乘车服务。如果已经开通，直接在支付宝上开通乘车二维码即可享受便利的出行。

七、使用手机导航

现在我们国家的城市建设速度很快，一些熟悉的街道很可能在几年的时间内就变了模样。学会用手机导航，能在手机导航软件上看懂地图、找到目的地、按照导航推荐的路线前往目的地，将极大地方便日常出行。一般来说，手机都自带地图导航软件，但为了使用方便，大部分人都会再单独下载一个导航软件。下面就以应用比较广泛的"百度地图"为例，让大家知道如何使用手机导航。其他地图导航软件，如高德地图等，与百度地图的使用方法类似。您可以自行尝试。

我们首先下载、打开"百度地图"App，学习如何看懂手机地图。打开"百度地图"后，页面会自动显示您当前所处位置周边的地图，方向与纸质地图一样，上北、下南、左西、右东，道路、河流、绿地和主要建筑都会在地图上显示出来。同时，地图上还会出现一个带着箭头的小蓝点，小蓝点就是您所处的位置，箭头指示的方向就是您拿着手机面向的方向。如果您拿着手机变换位置或者朝向，小蓝点和箭头的方向也会随之移动，根据您的位置进行实时定位。手机上的地图可以放大或缩小，两根手指点在屏幕地图上相互靠近，比例尺就会缩小，地图展示的范围相应扩大；两根手指点在屏幕地图上外扩，比例尺就会放大，地图展示的范围缩小，也更精确。如果用单根手指点在屏幕地图上移动，地图会根据您移动的方向变换范围。手机地图上的道路，还会根据交通流量实时更新状态。如果道路顺畅，那么地图上的道路将会显示绿色；如果拥堵，道路会变换颜色，黄色、红色、紫色分别表示不太顺畅、拥堵和非常拥堵。人们可以根据实时交通状况选择合适的路线。

学会如何看地图之后，我们来看如何导航，也就是让手机告诉您如何到达目的地。首先，告知地图您想到达的目的地，也就是在地图上方的搜索框中输入地名。

如果您知道目的地的准确名称，如西单商场、中山公园等，直接输入即可，地图会根据名称找到定位。需要提醒的是，地点名称越精确，定位和导航就会越精准，如中山公园，可以精确输入为"中山公园西门"或"中山公园西门公交站"等。如果您不知道确切名称，如想去附近的银行，但不知道有哪些银行网点，直接在搜索框中输入"银行"二字即可，地图会自动把周边的银行都筛选出来供您选择。另外，还可以通过在地图上点击目的地，直接确定位置，不过这需要将比例尺放大一些，才方便准确定位。

假如我们想去西单商场，先在搜索框中输入"西单商场"（见第143页左图方框），点击"搜索"，所有与西单商场相关的目的地就会列出来，点击选定地址右边的"到这去"（见左图圆圈），地图就会显示出从您当前位置到西单商场的导航路线，并且告知您所用时间。如果您的出发地不是当前位置，而是其他位置，在页面上方第一个搜索框内删掉"我的位置"，重新输入您的出发地即可。如，想从中山公园出发到西单商场，那么就在搜索框中分别输入两个地址的名称（如中图方框所示），地图上就会显示出导航路线，并且在下方可以看到，如果按照导航路线出行，将用时 8 分钟，总路线长为 2.6 公里。点击右下角的"开始导航"，手机就会自动按照您的起点位置开始进行语音导航。请注意，开启导航后，地图就不一定是上北下南了，而是会自动将您前进的方向设置为"上"，如果您转弯了，手机的指示方向会自动调整，始终保持您前进的方向为"上"。

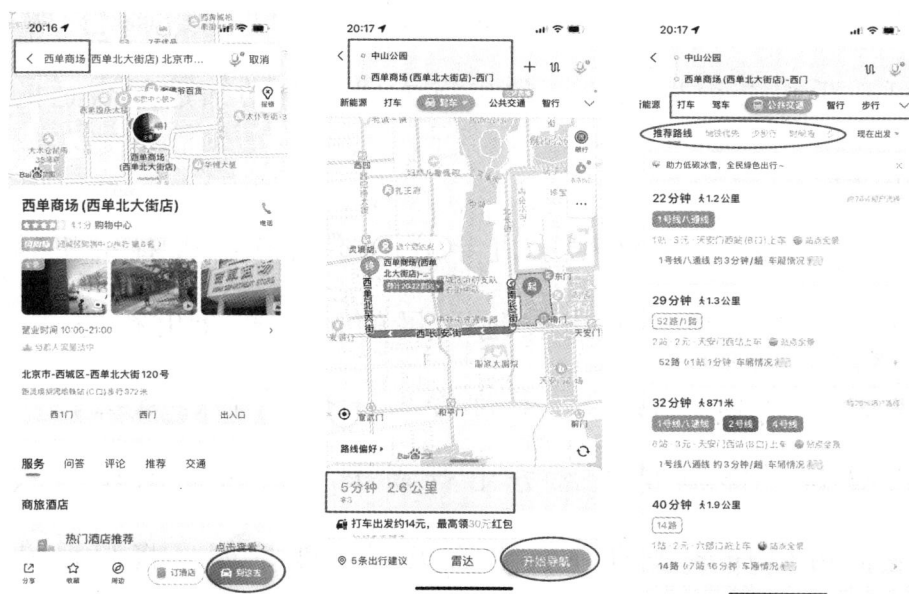

如果您加以留意，就会发现这其实是一个驾车导航

路线。我们还可以让手机显示如何乘坐公共交通出行。输入完出发地和目的地之后，在搜索框的下方点选"公共交通"（见第143页右图方框），就会出现不同的公共交通路线供您选择，可以乘地铁，也可以乘公交。您还可以根据自己的习惯让手机推荐符合您需求的路线，如"地铁优先""少步行"等，选项就在导航方式的下方（右图椭圆）。选择合适的路线后，同样点击"开始导航"，就可以根据地图和语音提示出行了。如果您选择步行或骑行导航，将"公共交通"改为"步行"或"骑行"即可，手机会根据您选择的出行方式，自动筛选最合适的路线。

总结一下，使用手机导航的要点有：查看手机地图；输入手机导航出发地和目的地；选择出行方式，如公共交通、驾车、步行等。掌握了上述方法，手机导航就能满足大部分出行需求了。如果您还有兴趣，可以探索手机导航里的更多功能，如：将自己常去的地方收藏起来，不用每次输入；让手机导航清楚地知道自己的出行习惯，如偏好步行，这样就不用每次使用导航时再设置一遍；用手机导航探索附近的美食等。相信手机导航会为您的生活增添更多的便利和乐趣。

八、通过外卖 App 买药

现在我们经常能看到身穿不同颜色衣服的外卖小哥穿梭在城市的大街小巷。他们大都骑着电动车，车后有方方正正的外卖箱，里面装着从不同店家取来的食物等商品，按照指定地址送到手机下单的顾客手中。这些外卖小哥与顾客、店家之间的联系，就是通过外卖 App 建立起来的。

随着外卖 App 业务的拓展，在外卖 App 上不仅能够买饭食，还能买水果蔬菜、鲜花绿植等，还开发了尤其适用老年群体的买药功能。一些用户群规模较大的外卖 App，如美团、饿了么等，都推出了买药服务。这些药品一般是本地正规药房卖出的，您在手机上选好药品，付好款，留下地址和联系方式，外卖小哥就会接到订单，去您指定的药房取药，然后快马加鞭送到您手上。从下单完成，到药品送到手上，一般不超过1小时。如果提前设定了送达时间，那么药品会按照指定时间送上门。这一功能，大大方便了出门不便但又有用药需求的人群。下面我们以美团外卖 App 为例，向您展示如何在手机上买药。其他外卖 App，使用流程大同小异，经营范围也相差无几，您只需熟练操作一种即可。

首先，在手机上搜索、下载、打开美团外卖 App。如果是首次使用，要先在跳出的几个页面中点击"同意并继续"，表示您同意美团外卖的使用规则，并且愿意让它获取您的位置等信息。第一次使用时，需要先用手机号注册会员：在主页面右下角找到"我的"，进入之后点击左上角的"登录/注册"，按照要求输入手机号，获取短信验证码，创建美团账户。账户创建成功后，可以在"我的"页面中维护个人信息，主要是地址信息，它能让 App 优先显示距离您较近的店家。此处为方便展示，设定地址为"北京市天通西苑三区35号楼"。如果要新增或者修改地址，可以在"我的→我的功能→我的地址"中操作。另一个必须在正式使用前设定的内容是付款方式，通过"我的→我的钱包"设置。在前面的"手机收付款"一节，我们说过最好将一个不常用的、有少量余额的银行卡专门用于网络支付，在这里您就可以绑定这个银行卡，作为外卖支付方式，也可以和支付宝或微信关联。

美团账户创建完成后，就可以开始买药了。首先点击左下角的"首页"，进入主界面，可以看到美食、甜点饮品等选项。App 还会根据您当前的地址自动显示周围的餐饮店。在右上方找到"美团买药"（见第 150 页左图方框），点击进入，可以看到新页面展示的内容都是药品，并且根据用途做了分类，如感冒发烧、清热解毒等。买药方式有以下几种。

第一种：知道药品名称，或者有药品外包装，那么可以在页面上方搜索框中输入药名，或者点击搜索框右边的小相机标志，拍下药品外包装让手机自动识别。搜索结果显示，很多药店都能提供该药品，但药店距离不同，起送金额不同，送达时间也不同，您按需点选即可。建议您选择距离近、起送金额低的药店，这样送达会更快，也让您花费更少的费用，不用为了满足起送金额而多买药。选择药品时，还要查看规格，是一片一片卖，还是一盒一盒卖，按需购买。

第二种：您经常去某家药店买药，现在想通过外卖在该家药店购买，那么可以在搜索框中输入药店名称，在新页面中会出现该药店的不同分店，您选择最常去的那家即可。以"金象大药房"为例，点击进入某家分店后（第150页中图显示"金象大药房汤立路店"），就进入了该家分店的电子药房。该药店显示配送时间约为38分钟，20元起送。您可以根据用途选药，也可以直接在上方搜索框中输入药名，进行店内搜索。选择药品加入购物车后，下方抱着药箱的小人会变成彩色，并且告知您当前所选药品的金额及配送费。选好后点击右下角的"去结算"，然后选择配送地址，检查无误后支付即可。

第三种：您没有指定的药品或药方，需要根据症状买药，想让外卖App尽快把药送上门缓解症状，那么可以在主页面根据药品用途选择。如肠胃不舒服，可以在首页直接点选"肠胃用药"，点击之后页面左侧会显示更细化的病症（见右图），包括消化不良、肠炎／腹泻、便秘等，您根据症状选择最符合的选项后，药品页面会自动跳转，帮您筛选最对症的药品。

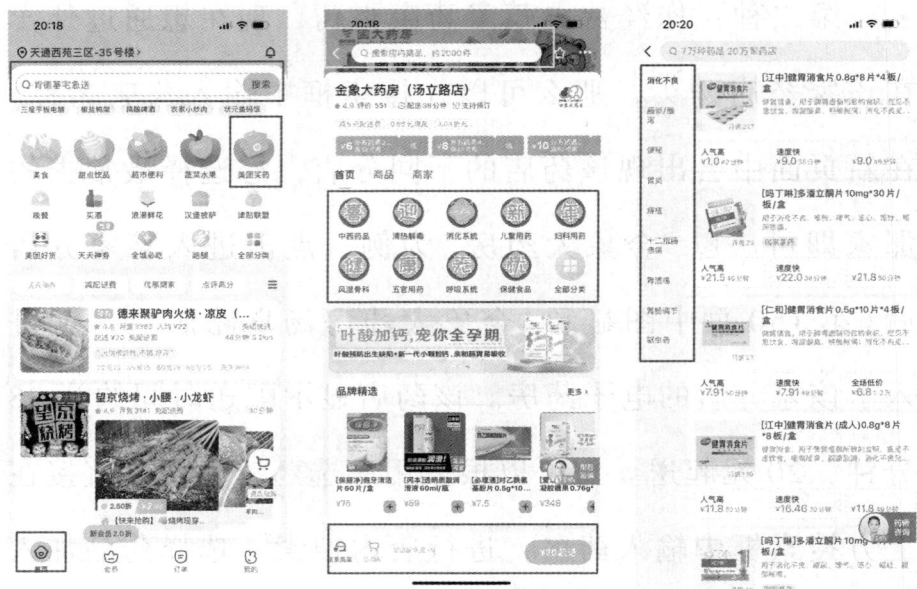

如果您只需要购买一种药品，那么按照上述任何一种方法，选择好药品之后直接下单即可。如果您需要购买两种及以上的药品，建议您在选定一种药品后，先将其放入购物车，然后进入该药品的药房，在同一家药房内搜索另一种所需药品。这样可以在同一家店买到不同药品，既可以节省配送费，也省去了等待不同外卖员的时间。

需要提醒的是，外卖 App 上的药品虽多，但都是允许人们自由购买的非处方药，只适用于轻症。如果疾病严重、病情复杂、有过敏史或禁用药等，应及时寻求帮助，在亲友的陪同下去药店咨询药剂师，或者直接去医院咨询医生，切勿自行判断，盲目购药和用药。

九、手机中的实用工具

现在的智能手机功能强大，使用便捷，集许多功能于一身。有了一部手机，就相当于同时有了记事本、计算器、计时器等工具。这些工具大都包含在手机自带的"实用工具"文件夹中，打开它就能找到了。下面我们逐个介绍大家经常会使用到的功能，让手机在我们手上得到最大程度的有效利用。

首先来看记事本。现在的手机都自带记事本功能，允许人们随时随地记录文字、图片，也方便将这些文字分享给其他人。记事本的用途很广泛，如果您要去超市采购，提前想好了购物清单，就可以记录在手机的记事本上，这样就可以节省纸笔，也不会在去超市时忘记携带了。在与别人聊天时聊到一些内容，如哪个公园好玩、何时超市打折等，也可以用手机记录下来。如果您经历了一些事情，产生了生活感悟，想要把此刻的心绪记录下来，就可以打开记事本任意书写，待有时间时把文字慢慢整理出来。相比于纸质版的记事本，手机记事本不占地方，容量大，不必担心写不下，还可以同时容纳不同的笔记类型，如图片、表格、语音等。您可以通过加标题、加星号等方式对笔记进行分类，还可以在需要的时候搜索文字，迅速找到想要的那篇笔记。

手机记事本的使用方法很简单，首先在手机中找到记事本。不同手机的记事本软件有不同的名称，苹果、华为和三星手机的记事本叫作"备忘录"，小米手机的记事本叫作"笔记"，oppo 和 vivo 手机的记事本叫作"便签"。虽然名称不同，但它们的功能类似。打开记事本后，在右上角或右下角点击加号或者笔记的标志，就能直接进入新笔记的输入界面，输入完成后，点击完成，就将笔记保存下来了。下次打开，笔记的内容还在，并且允许重新编辑、修改。

再来看手机计算器的使用方法。手机自带的计算器能够做加、减、乘、除运算，还能区分正负数，设定小数和百分数，这些功能可以充分满足日常生活的计算需求。如果您需要更复杂的运算，如科学函数的计算，可以下载专门的计算 App。

这里我们以苹果手机自带的计算器为例，介绍计算器的使用方法。苹果手机的计算器打开后，如第 156 页左图所示。进行两个数字的加减乘除计算，直接点击相应按钮，再点等号即可出结果，如点击"11+22="，结果就会显示"33"，如果还要继续往后加数，可以直接点"+44"，结果就会显示"77"。计算结束后，点击左边的"AC"，就会把之前的结果清零，重新开始下一次运算。如果是三个数及以上的计算，可以把所有数字和运算符号直接输入完，然后再点加号，如可以输入"11+22+33="，结果就会显示"66"。手机计算器还会自动识别计算优先度，如输入"11+22×3="，结果会直接显示"77"。但是，如果您先点击"11+22="，等出来33 的结果后再点"×3"，那么结果就是"99"，表示进行了两个阶段的运算。可以看到，手机计算器的使用方法与传统计算器是基本一致的，使用起来很方便。

计时器也是常用的实用工具，可以从 0 开始正计时，也可以设定倒计时。学会使用它可以为生活带来很多便利。比如做饭煲汤时，需要在 20 分钟后关火，如果人一直待在厨房，难免无聊，可是离开厨房又担心忘记关火，这时候手机计时器就派上用场了。在计时器上设定好 20 分钟的倒计时，点击"开始计时"（见第 156 页中图）。20 分钟到后，手机就会自动发出提醒，您可以在这段时间内放心做其他事情。再比如，去公园锻炼的时候，想看看快走一圈用了多长时间，相比之前有没有进步，就可以打开手机秒表，从起点开始让手机计时（见第 156 页右图）。点击"启动"，手机开始计时；在到达终点时，点击"停止"，手机结束计时，并且定格时长。这样您就可以查看走完一圈究竟用时多少。点击"复位"，手机就会重新开始计时。

　　除了上述三个实用工具，手机还自带很多其他的实用工具，如日历、放大镜、指南针等。现在的手机在设计这些实用工具的时候，都考虑到了便捷性，所以它们的使用方法非常简单，一看就会，不用专门学习。现在就拿起您的手机开始探索吧！

十、在手机上听音乐、看视频

现在的智能手机娱乐功能强大，大都配备了音乐播放器、视频播放器，如苹果手机的"音乐"、华为手机的"华为音乐"等。很多网络公司还专门开发了用于听音乐和看视频的手机软件，以满足不同人群的休闲娱乐需求。下面我们介绍几款常用的娱乐软件，方便大家在手机上听音乐、看视频。

用于听音乐的手机软件非常多，有腾讯公司开发的"QQ音乐"、网易公司开发的"网易云音乐"、中国移动公司开发的"咪咕音乐"等。一般来说，这些音乐软件大同小异，您只需下载一个就足够了。但如果您特别想听某位歌手的歌曲，而该歌手又只与某个音乐软件有合作，这就涉及歌曲的版权问题，那么您就只能下载指定软件，才能听到歌曲。您可以选择先下载一个音乐软件试试，如果它不能满足您的需求，或者您不喜欢操作界面，那么再下载其他软件。不管何种软件，里面的歌曲都有免费和付费之分，如果是付费歌曲，需要支付会员费用才能听到或下载完整歌曲。

下面以咪咕音乐为例，介绍在手机上听音乐的方法。首先下载、打开咪咕音乐 App，在页面最下方找到"我的"选项，进行注册或登录。其实，不注册会员也可以听音乐，但注册之后可以享受更多的功能，如把自己喜欢的音乐收集在一个歌单中、让软件知道您的喜好以便推荐更多相似风格的音乐、对歌曲进行评论等。注册完成后，就可以开始听音乐了，如果您没有指定歌曲，那么在页面随便点选一首歌曲，手机就会开始播放了。

如果有想听的歌曲，可以在主页面直接搜索，如搜索"朋友"，就会显示所有与"朋友"有关的内容（见第159页左图），包括单曲、专辑、视频、歌单等，您可以按需点选，选好后手机就会播放音乐，下方的标志会转动起来，显示歌曲正在播放。点击下面转动的标志，就会进入单独的歌曲播放页面（见第159页右图），页面下方有很多按钮。您可以点亮左下方的心形标志，这首音乐会自动归入到一个文件夹中，通过主页面"我的→我喜欢的"就能很方便地找到所有点亮爱心的歌曲。您还可以点开评论区，看看别人对这首歌的评价，也可以自己对歌曲进行评论，将听到这首歌曲之后的心境、想起的故事分享给他人。朝下的箭头表示下载，点击之后这首歌曲将下载到手机上，通过主页面"我的→本地音乐"就能找到所有下载的歌曲，在没有网络的情况下也可以直接打开听。下一排的几个按钮，分别表示播放方式、播放上一曲、暂停播放、播放下一曲、查看歌曲列表。

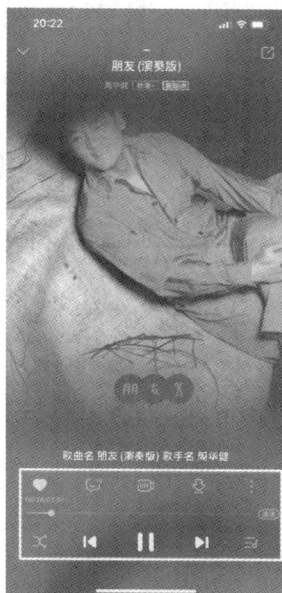

除了搜索歌曲，您还可以搜索某个歌唱家的名字、某张专辑的名字，甚至可以搜索某个风格或某种用途的音乐，如"儿歌""舒缓钢琴曲""广场舞"等，手机会根据您的需求匹配合适的音乐。其实除了歌曲，一些音乐 App 还可以播放戏曲、相声、有声书等以音频形式呈现的内容。您可以试试搜索"京剧""相声""西游记"等内容，发现视听宝藏，增添生活乐趣。

在手机上看视频的软件也有很多，您可以根据自己的兴趣下载视频 App。有电视台开发的视频软件，这些软件可以直播或回放电视节目，如中央电视台开发的"央视频"、湖南电视台开发的"芒果 TV"、浙江电视台开发的"中国蓝 TV"等；有可以点播网络剧目和电影的视频软件，如"腾讯视频""爱奇艺"等；有主要针对不同人群的视频软件，如深受年轻人喜爱的"哔哩哔哩"等；有短视频软件，里面多是人人都可以拍摄和制作的时长约在 1 分钟之内的小视频，如"抖音""快手"等。和音乐软件一样，建议您按需下载一两个视频软件即可。

　　下面以"腾讯视频"为例，介绍如何在手机上看视频。首先下载、打开"腾讯视频"。在主页面右下角"个人中心"注册会员。如果想要观看付费内容，需要成为包月会员、年度会员。一般来说视频软件里的免费影视资源很多，如果您没有特殊需求，直接在页面左下角点击"首页"，即可选择视频开始观看。

　　首页页面上方有很多选项，包括精选（即视频软件自动推荐的内容）、综艺、电影、纪录片等分类，点击之后就进入该分类中了，便于查看更细化的内容。如果想看指定影视，可以通过分类下方的搜索框进行搜索，输入影视剧名称、演员名字、影视剧角色名字等找到想看的视频，也可以搜索"小品""动画片"等按类别查找。此处我们搜索"2021 央视春晚"，点击搜索结果，就会跳转到播放页面。但是，在播放选定内容之前，视频软件会先播放一段广告，广告时长在右上角有显示，一般来说视频越长，广告也越长，有时还会在视频播放时自动插播广告，只有付费会员才能去除广告。耐心等待广告结束后，选定的内容就会开始播放了。如右图所示，正在播放的视频下方有进度条，表示视频总长度和现在的播放进度，您可以拖动进度条上的小圆点，控制进度。左下角有播放 / 暂停按钮，右下角有旋转屏幕按钮，点击之后可以进行横屏的全屏播放。

　　其实现在的手机软件的功能多样，除了上述提到的专门的音乐软件、视频软件，一些功能强大的手机 App 也可以用来听音乐、看视频，只不过可观看的内容相对较少。如中宣部主管的"学习强国" App，在上面就能收听、收看电台和电视台的节目，搜索音乐、视频等网

络资源，且全部免费，没有广告，大家不妨多多探索尝试。

　　手机虽然让音乐和视频唾手可得，让我们的生活多姿多彩，但长时间听音乐或者看视频，甚至沉迷其中，对身体和精神健康弊大于利。听音乐时，注意不要把音量放得太大，在公共场合尽量戴上耳机，避免声音给别人带来困扰。耳机连续佩戴的时间不宜过长，连续佩戴耳机超过半小时就要取下来，让耳朵休息一会儿。看视频时，尤其是刷让人欲罢不能的短视频时，要注意控制时间，连续看超过半小时，就要站起来活动活动手腕、手指和颈椎、腰椎，望望远处风景以放松眼部肌肉。需要提醒大家的是，网络世界虽五彩斑斓，毕竟还是别处的风景和别人的生活，要想让自己的生活有滋有味，还是要多与亲人、朋友面对面接触，在真实的欢声笑语中构筑属于自己的美好生活。

十一、手机故障怎么办

智能手机给我们的生活带来了极大便利，但手机一旦出现故障，也可能造成很多麻烦。学会如何处理简单的手机故障，是手机时代人们生活的必备技能之一。

当手机不能正常使用时，我们首先要判断是何种故障。首先要弄清楚，究竟是手机本身的原因，还是外部通信条件出现了问题。

如果不能正常接电话或拨打电话，先确认手机是否处于欠费状态，因为欠费会让运营商直接中断我们手机号的正常使用，这时候只要充话费就好了。如果排除了欠费问题，那就看手机屏幕的左上角或右上角，显示通讯信号的标志是否满格，如果没有显示信号，或只有一格信号，或显示"无信号"，都表示您当前所处的区域不是运营商的服务范围，这种情况往往会在山区、偏远地区或地下出现。您只要离开这个区域，到有信号覆盖的地方，就能正常拨打电话了。

如果可以正常通话，但是不能上网了，那有可能也是您所处的区域没有网络信号覆盖，或是您关闭了网络数据功能，如果是后者的话，重新打开网络数据功能就可以正常上网了。但是要注意，直接使用手机的数据功能，需要耗费手机流量，增加话费开销。如果您不想消耗自己的手机流量，可以到有 Wi-Fi 覆盖的地方，一般来说商场、餐厅等公共场所都提供免费 Wi-Fi，您咨询服务员，请他们提供 Wi-Fi 密码就可以免费上网了。但要注意，Wi-Fi 都有一定的覆盖范围，您走出了这个范围，Wi-Fi 就会自动断开，这时候您需要连接其他 Wi-Fi，或者使用自己的手机流量。

如果确定外部通信正常，别人的手机都能正常运行，但自己的手机还是不能正常使用，那就是手机本身出问题了。这时候我们要判断是手机硬件还是手机软件出现了问题。

手机硬件，就是指手机屏幕、摄像头、按键、电池等实体的手机内外部零件。如果手机无法开机，请您首先确认手机是否有电，在寒冷的天气下，手机电池续航会大幅缩短，使手机自动关机。如果您冬天在外面使用手机，尤其要注意低温带来的手机电池不耐用问题。

手机是包含了很多精密零件的产品，功能强大但也很脆弱，如果您的手机不小心摔在了地上，就可能出现屏幕碎裂、后盖损坏、内部零件受损等问题。如果手机摔在地上后出现了问题，那大概率就是硬件问题。如果手机不小心掉到了水里，或者有液体泼溅到了手机上，也可能受损手机内部的电子元件，这时建议您马上关机，尽快用纸巾吸干水迹，用吹风机冷风让手机彻底干燥，然后将手机送到维修部检修。

硬件问题比较好辨别，一般是手机受到外力撞击或异物侵入后，出现功能故障，这时建议您直接将手机送去维修，让专业人员处理。需要提醒您的是，在手机送修之前，最好首先确保手机里面没有个人敏感信息，如本人及家人身份证、银行卡照片、家庭住址、各类密码等，以防泄露。一般来说，手机品牌指定的正规维修场所，还是值得信任的。

如果您确认手机硬件没有问题，那就很有可能是手机里的某个软件出现了问题。手机软件，就是指安装在手机里、拥有各种功能的程序，手机主页上的一个个小图标，如微信、支付宝等，都属于手机软件。如果手机软件出现问题，那么这个问题就只在您使用特定软件时才会出现，退出该软件后问题就消失了。如果是这种情况，建议您卸载该软件并重新下载，只要记住使用该软件时的账号和密码，重新下载后再次登录，您的相关数据仍是保留着的。如果不是某个软件的问题，而是手机出现卡顿，或使用一会儿就开始发烫，那可能是因为您在后台同时运行的软件太多了，关闭一些就能缓解问题。如果您已经关闭了一些软件，但依然解决不了问题，可以试试将手机关机，停用一会儿后再重新开机，重启之后的手机可能会神奇地恢复正常。如果还是有问题，那可能是您的手机不小心感染了手机病毒，您可以下载手机杀毒软件，运行杀毒软件进行杀毒和清理垃圾，让手机变得更顺畅。

　　以上这些方法能够帮助您快速判断手机故障的原因，学会一些手机故障的简易处理方法。如果您还是没能让手机恢复正常，建议您回想一下，您现在使用的手机已经用了多长时间。如果已经超过 5 年，那很可能它已经不堪重负，不能满足日新月异的软件的运行要求了，这时候无论您怎么维护，它都不太能恢复如初了，建议您省去这些麻烦，直接更新换代。手机不像洗衣机、电冰箱等耐用消费品，它的更新换代是很快的，这是科技发展的结果，也是功能日渐强大的各类软件的要求。

图书在版编目(CIP)数据

新名词我全懂／欧阳铮著.—桂林：广西师范大学出版社，2022.10

（50岁开始的"你好人生"）

ISBN 978－7－5598－5401－8

Ⅰ．①新⋯ Ⅱ．①欧⋯ Ⅲ．①汉语－新词语－中老年读物 Ⅳ．①H136－49

中国版本图书馆 CIP 数据核字（2022）第 177900 号

新名词我全懂

XINMINGCI WO QUAN DONG

出 品 人：刘广汉

责任编辑：刘 玮

助理编辑：茹婧羽

装帧设计：弓天娇 李婷婷

广西师范大学出版社出版发行

（广西桂林市五里店路 9 号 邮政编码：541004

网址：http://www.bbtpress.com ）

出版人：黄轩庄

全国新华书店经销

销售热线：021－65200318 021－31260822－898

山东韵杰文化科技有限公司印刷

（山东省淄博市桓台县桓台大道西首 邮政编码：256401）

开本：720 mm×1 000 mm 1/16

印张：11 字数：76 千字

2022 年 10 月第 1 版 2022 年 10 月第 1 次印刷

定价：39.00 元

如发现印装质量问题，影响阅读，请与出版社发行部门联系调换。

图书在版编目(CIP)数据

新名词我全懂／欧阳铮著.—桂林:广西师范大学出版社,2022.10

(50岁开始的"你好人生")

ISBN 978-7-5598-5401-8

Ⅰ.①新… Ⅱ.①欧… Ⅲ.①汉语-新词语-中老年读物 Ⅳ.①H136-49

中国版本图书馆 CIP 数据核字(2022)第 177900 号

新名词我全懂

XINMINGCI WO QUAN DONG

出 品 人:刘广汉

责任编辑:刘　玮

助理编辑:茹婧羽

装帧设计:弓天娇　李婷婷

广西师范大学出版社出版发行

(广西桂林市五里店路9号　　　邮政编码:541004)
(网址:http://www.bbtpress.com)

出版人:黄轩庄

全国新华书店经销

销售热线:021-65200318　021-31260822-898

山东韵杰文化科技有限公司印刷

(山东省淄博市桓台县桓台大道西首　邮政编码:256401)

开本:720 mm×1 000 mm　　1/16

印张:11　　　　　　　字数:76 千字

2022 年 10 月第 1 版　　2022 年 10 月第 1 次印刷

定价:39.00 元